Um café com
AUTOESTIMA

Kristen Helmstetter

Um café com AUTOESTIMA

SEXTANTE

Título original: *Coffee Self-Talk*

Publicado mediante acordo com Montse Cortazar Literary Agency.

tradução: Livia de Almeida

preparo de originais: Alice Dias e Emanoelle Veloso

revisão: Hermínia Totti e Tereza da Rocha

diagramação: Valéria Teixeira

capa: Renata Vidal

imagem de capa: Pongpongching/ Freepik

impressão e acabamento: Associação Religiosa Imprensa da Fé

CIP-BRASIL. CATALOGAÇÃO NA PUBLICAÇÃO
SINDICATO NACIONAL DOS EDITORES DE LIVROS, RJ

H425c
Helmstetter, Kristen
Um café com autoestima / Kristen Helmstetter ; tradução Livia de Almeida. - 1. ed. - Rio de Janeiro : Sextante, 2022.
208 p. ; 21 cm

Tradução de: Coffee self-talk
ISBN 978-65-5564-458-6

1. Autoestima. 2. Autorrealização (Psicologia). 3. Técnicas de autoajuda. I. Almeida, Livia de. II. Título.

22-79487 CDD: 158.1
CDU: 159.923.2

Meri Gleice Rodrigues de Souza - Bibliotecária - CRB-7/6439

Rua Voluntários da Pátria, 45 – Gr. 1.404 – Botafogo
22270-000 – Rio de Janeiro – RJ
Tel.: (21) 2538-4100 – Fax: (21) 2286-9244
E-mail: atendimento@sextante.com.br
www.sextante.com.br

SUMÁRIO

Parte II

INTRODUÇÃO

Prezada leitora,

Oi! Eu sou a Kristen e estou feliz por conhecê-la. No momento em que escrevo este livro, tenho 40 e poucos anos e passei recentemente por uma profunda transformação em minha vida. Confesso que antes disso eu já tinha uma vida bem legal. Meu marido, minha filha e eu temos boa saúde, bons amigos e colecionamos muitas conquistas. Eu não tinha muitos motivos para me queixar, mas isso não me impedia de reclamar de coisas triviais.

Então um dia decidimos largar tudo e viajar pelo mundo. No primeiro ano, percorremos toda a Europa. Foi empolgante e divertido, mas acabei percebendo que estava fugindo de alguma coisa – ou, mais precisamente, da *falta* de alguma coisa. No fundo, a viagem era uma maneira de escapar de uma existência sem senso de propósito ou direção.

De forma geral, eu mantinha uma atitude positiva em relação à vida. Costumava ver o copo meio cheio, só que sentia que faltava algo. Não havia *magia*. Viajar me distraía o suficiente para que eu não pensasse no que fazer em relação a esse vazio. Ao mesmo tempo, também me causava estresse – o que é normal quando se vive pulando de país em país, de uma cidade para outra, sem desfazer as malas, sem se fixar em lugar nenhum. E com uma criança a reboque.

Antes de deixar os Estados Unidos, mergulhei fundo na meditação da atenção plena e na filosofia taoísta, que me ajudavam a buscar o equilíbrio e a "seguir o fluxo" em vez de me estressar com coisas que não podia controlar. Isso me deixou mais tranquila e me trouxe resultados relativamente satisfatórios. Porém, às vezes acordava me sentindo perdida, relutando em sair da cama e começar minhas atividades. Por que isso acontecia? Eu era uma pessoa feliz, não era? Se me sentia tão abençoada e afortunada, por que a ansiedade e a preocupação tomavam o meu coração com tanta frequência?

Nos primeiros seis meses, confiei na gratidão, na meditação e no taoísmo para tocar a vida. Funcionava bem, mas... eu não brilhava. Sentia um enorme potencial represado dentro de mim. Sabia que tinha muitos motivos para ser feliz e grata, que deveria estar reluzindo como ouro e voando alto como uma águia. Mas não era o que acontecia.

No sétimo mês da viagem, tive um colapso. No momento mais sombrio da minha vida, fui forçada a encarar minha falta de foco e orientação. Eu me senti paralisada. Foi assustador.

O arco-íris, contudo, só pode aparecer depois da tempestade. Esse colapso acabou deflagrando um processo que resultou numa nova maneira de viver.

Daquela época até o momento em que escrevo, encontrei meu espírito, meu foco, minha luz e estou voando alto como a águia que eu sabia que poderia ser. Eu libertei minha felicidade.

Nesse processo, descobri diversas técnicas que contribuíram para minha mudança, e agora vou compartilhá-las com você.

Será incrível se algo neste livro for capaz de acender uma luz em sua vida também. Minha mãe sempre diz: "Se você pegar um livro de receitas e encontrar uma única receita boa, ele já valeu a pena!" Assim, minha esperança é que você encontre aqui alguma ideia que possa levá-la a uma existência mais feliz e saudável. Hoje é o início de um novo tempo. É hora de você despertar. Ao implementar as dicas e as técnicas descritas aqui, você vai se apaixonar por si mesma e pela sua vida.

Venha voar comigo. Você merece. Todas nós merecemos!

Com amor,
Kristen

P.S. Neste livro eu repito certos conceitos algumas vezes. É intencional. A repetição ajuda não apenas a memorizar as ideias como também a manter a motivação.

Parte I

COMO CRIAR UMA VIDA MÁGICA

Capítulo 1

O QUE É O CAFÉ COM AUTOESTIMA

Vou ensinar uma técnica poderosa que demanda apenas cinco minutos por dia. Ela pode mudar sua vida porque aumenta sua autoestima, trazendo felicidade e ajudando você a conquistar seus sonhos. E – o que é muito importante – cria sentimentos de plenitude e merecimento.

Essa técnica consiste em duas coisas: 1) sua xícara de café matinal e 2) seu diálogo interno. Se você não está acostumada a ouvir sua conversa interior, então prepare-se, pois é algo realmente transformador.

Diálogo interno: uma introdução

Mesmo que você nunca tenha ouvido falar em diálogo interno, a verdade é que ele está presente a vida inteira. É uma prática antiquíssima, que existe provavelmente desde que o *Homo sapiens* começou a falar. Aqui está uma explicação resumida: o diálogo interno é simplesmente aquilo que você diz a si mesma quando está falando com seus botões. É a sua voz interior, a sua conversa interna. Às vezes acontece em voz alta, às vezes, em silêncio. Às vezes você faz isso de forma consciente, mas em geral faz sem se dar conta... até entender a força dessas palavras. Este livro vai ajudar você a descobrir esse poder.

O diálogo interno é o modo como você pensa sobre si mesma e sobre as coisas que faz. É a maneira como se vê e se refere a sua pessoa. Você se considera inteligente? Acha que tem sorte? Acredita que atrai boas oportunidades? Ou acha que não tem inteligência, sorte ou que nunca consegue aproveitar as chances? Tudo isso faz parte do seu diálogo interno.

Como você pode perceber, essa conversa pode ser boa ou ruim, útil ou perigosa. Uma afirmação (uma declaração pronunciada como se fosse verdadeira) pode ser positiva ou negativa. Tudo o que dizemos ou pensamos sobre nós mesmas e nossa vida se torna *nossa verdade*. Ou seja, nosso subconsciente acredita no que dizemos, seja verdadeiro ou não.

Portanto, vamos iniciar um processo no qual dizemos ao nosso subconsciente que a maneira como *queremos ser* é o modo *como as coisas já são*. A mente não julga, apenas segue instruções. Ela faz o que você diz. É um processo realmente simples, mas isso não quer dizer que seja fácil. A maioria das pessoas não está acostumada a ser legal consigo mesma. Se esse for o seu caso, isso vai mudar até o final desta leitura.

Você vai se tornar sua melhor amiga e, quando o fizer, a magia vai entrar em cena e terá início a verdadeira transformação.

A ideia de que as pessoas têm um diálogo interno se desenrolando na cabeça começou a ser estudada na década de 1920. Durante os anos 1970 e 1980, o conceito se popularizou à medida que as pessoas percebiam que poderiam modificar seu cérebro e seu comportamento ao mudar o que pensam e o que dizem sobre si mesmas. Como resultado, a técnica de falar consigo mesmo de forma consciente se tornou uma importante ferramenta de desenvolvimento pessoal. Ela também é muito usada no mundo dos esportes, onde é chamada de "autofala".

Em meados dos anos 1980, o Dr. Shad Helmstetter escreveu um livro intitulado *What to Say When You Talk to Your Self* (O que dizer ao falar para si mesmo), que em pouco tempo se tornaria um clássico de autoajuda, vendendo milhões de cópias em mais de 60 idiomas. O Dr. Helmstetter passou os 30 anos seguintes escrevendo outros livros e fazendo palestras sobre o assunto.

Mesmo para pessoas que nunca ouviram falar disso, a cultura mudou aos poucos. Imagine a reação que desconhecidos teriam hoje em dia se você repreendesse seu filho em público dizendo: "Você nunca será ninguém na vida!" Para nossos ouvidos contemporâneos, a frase soa tão chocante que é fácil esquecer que esse tipo de discurso era comum até pouco tempo. Atualmente, a maioria dos pais está mais bem-informada e sabe que palavras assim podem ter efeitos nocivos duradouros. O Dr. Helmstetter teve muita influência na mudança desse paradigma cultural.

Confesso que eu nunca tinha ouvido falar do Dr. Helmstetter até conhecer seu filho, Greg, há 15 anos. (Greg se tornou meu marido. Falarei mais sobre isso depois.) Mas eu estava familiarizada com a ideia de que as palavras – tanto aquelas ditas em voz alta quanto as que estão na nossa cabeça – têm uma grande importância na nossa vida. Na verdade, elas são tão importantes que deveríamos escolhê-las com mais cuidado. Pelo menos até que tenhamos adquirido o hábito de dizer apenas coisas boas a respeito de nós. Com o passar do tempo, isso se torna automático.

Este livro é minha versão pessoal do processo de transformar o diálogo interior. É uma combinação da conversa interior clássica (para aumentar a autoestima e ajustar suas crenças e atitudes) com afirmações positivas (você pode incluir trechos de livros, letras de músicas, citações e outras palavras que a inspiram, se quiser) e, é claro, *café*. Eu sou a prova viva de que a soma de palavras, grãos torrados e ritual diário tem um efeito poderoso sobre o humor, o comportamento e o modo como você se sente, independentemente das condições de sua vida no momento.

Quando sua autoestima é reforçada, tudo muda. Você enfrenta o dia com empolgação, se entusiasma com a própria vida. Quando seus comportamentos – e, em particular, seus hábitos diários – estão em sincronia com seus objetivos e seus sonhos, tudo parece acontecer de forma mágica. Tudo se encaixa.

Mas não se trata de mágica: é neurociência.

Pratico meu ritual todos os dias, sem falta. As afirmações positivas me inspiram, dirigem meus atos rumo às minhas aspirações e fazem com que todos os dias valham a pena. O que poderia ser um dia ruim se transforma num dia bom. O que começa como um dia bom se torna fantástico.

Não importa o que a vida lhe reserve – dedicar alguns minutos a ter uma conversa positiva consigo mesma fará com que tudo melhore. Eu garanto.

O ritual que chamo de "Café com Autoestima" é uma ferramenta poderosa para trazer mais felicidade para sua vida, ao mesmo tempo que aproxima você de seus sonhos e objetivos. Isso não quer dizer que não haverá mais desafios. Na verdade, significa que os problemas comuns do dia a dia deixarão de afetar e amedrontar você. Assim, prepare-se para ser como o Neo em *Matrix*, desviando das balas sem sofrer qualquer dano.

Em outras palavras, se a vida chutar uma bola difícil de defender, em vez de se desesperar você será capaz de se concentrar e fazer o que for preciso para agarrá-la com força. Você se tornará a verdadeira heroína da sua vida, reagindo melhor e mais rápido aos contratempos.

Esse processo é realmente transformador e estou empolgada por acompanhá-la nesta jornada. Adiante vou compartilhar alguns exemplos pessoais e dar sugestões de roteiros para ajudá-la nos primeiros passos. Você vai encontrar o momento perfeito para fazer as afirmações todos os dias enquanto aprecia sua xícara de café matinal. E vai descobrir como melhorar sua conversa interior, de forma que ela atraia seus maiores sonhos. Ter um autodiálogo saudável já é extremamente útil, mas fazer dele um hábito diário acelera seu sucesso e aumenta sua sensação de felicidade.

Diálogo interno positivo é o mesmo que pensamento positivo?

Embora esses dois conceitos se relacionem, não são exatamente a mesma coisa.

O pensamento positivo é importante porque você deve acreditar que é possível conquistar o que deseja. O diálogo interno positivo ajuda a formar novas crenças e fortalece aquelas que você precisa reforçar. Portanto, faz com que você tenha uma visão mais positiva e construtiva do que é capaz de realizar.

Os céticos muitas vezes consideram o pensamento positivo algo irreal ou fantasioso. Em alguns casos, é mesmo. Como, por exemplo, quando você deixa de avaliar os riscos de uma decisão porque simplesmente *acredita* que vai dar tudo certo. Mas a lacuna entre o que as pessoas *pensam* que podem fazer e o que elas *realmente são capazes* de fazer é enorme.

Por outro lado, é da natureza humana evitar o risco. Às vezes, mais tememos o lado negativo das coisas do que nos esforçamos para ver o lado positivo delas – e assim ficamos paralisados. Só que muitos riscos percebidos se baseiam em medos que são completamente inventados. São fantasmas de crenças que mantemos desde a infância, como o medo do fracasso ou do que os outros pensarão de nós. Nesse sentido, o pensamento positivo pode nos ajudar a agir *apesar* do medo.

Para a maioria das pessoas, o pensamento positivo é uma correção necessária para uma avaliação mais precisa do que é realmente possível.

O pensamento positivo pode ser nocivo quando leva as pessoas a fingir que os problemas não existem. Ou a supor que os problemas vão desaparecer sem que tomem alguma providência. O diálogo interno positivo, por sua vez, não se limita a desejar que os problemas desapareçam. Muito pelo contrário. Ele é um hábito proativo, que prepara você para ver as coisas de outra forma e lhe dá o poder de agir para resolver os problemas. E, em muitos casos, para evitá-los!

Amor-próprio é narcisismo?

Não. Na verdade, é quase exatamente o oposto. O narcisismo é a admiração excessiva por si mesmo. A palavra-chave aqui é *excessiva*. Em sua versão extrema, o narcisismo patológico é um transtorno de personalidade caracterizado por egoísmo severo, falta de empatia, senso de superioridade, necessidade de ser admirado e a crença de que o indivíduo é melhor, mais inteligente e mais merecedor do que todos os outros.

Mas a questão é a seguinte: o narcisismo é resultado de *um profundo sentimento de autoaversão*, quando o ego se protege sustentando-se de forma artificial e em um grau absurdo.

Pessoas genuinamente autoconfiantes não se gabam. Não anseiam por atenção. Não sentem necessidade de estar com a razão o tempo todo. Ao encontrar alguém que parece confiante demais e que exibe esses traços, o que você está realmente testemunhando é um ego assustado em busca de validação externa.

Em suma, o narcisismo é baseado no medo.

O amor-próprio é o contrário.

Muitas afirmações positivas se fundamentam no conceito de

amor-próprio, que se torna a base sólida para uma mudança positiva e duradoura. Sem amor-próprio é muito difícil para as pessoas se verem como dignas de receber o que desejam. E, muitas vezes, elas mesmas sabotam os próprios esforços de forma inconsciente, como quando desistem de seguir adiante.

Por esse motivo, os roteiros que apresento neste livro contêm muitas declarações de amor-próprio e de autoafirmação, como estas:

Sou inteligente e criativa.
Sou corajosa.
Eu me amo.
Sou maravilhosa e posso conquistar o que eu quiser.

E assim por diante.

Esse tipo de frase é formulado para programar seu cérebro de um modo muito específico, para elevar o amor-próprio e a autoconfiança. Fazem parte da sua conversa interior. Você não vai sair por aí dizendo nada disso (a não ser que sua intenção seja ensinar a técnica ou disseminar a ideia). As afirmações não devem ser usadas para contar vantagem. Tampouco para tentar impressionar os outros.

Assim que você tiver programado seu cérebro para acreditar em (*e sentir*) pensamentos como esses, eles serão assimilados e se manifestarão de diversas formas – algumas delas aparentes e outras não, porque serão parte de seu estado de espírito feliz e realizado. Ou seja, bem diferente da condição interna de um narcisista.

Por falar em disseminar a ideia, quando eu e minha família passamos uma temporada com minha mãe nos Estados Unidos, no início da pandemia de Covid-19, eu quis manter minha rotina de Café com Autoestima. Um dos meus hábitos preferidos é escrever afirmações positivas em Post-its coloridos. Escrevi umas 20 e prendi três ou quatro no espelho do banheiro. Depois de alguns dias, eu as substituía e fazia um rodízio entre elas.

Como dividíamos o banheiro com minha mãe, expliquei a ela o que significavam aqueles papeizinhos colados lá. Falei que minhas conversas interiores eram importantes para meu sucesso e minha felicidade. Ela me deu todo o apoio, como sempre. E tenho certeza de que acabava lendo aqueles bilhetinhos grudados no espelho!

Não recebemos visitas durante a pandemia, mas eu não teria me importado se mais alguém tivesse visto meus bilhetes. Pelo contrário, eu teria adorado. Os bilhetes com afirmações positivas são uma oportunidade de compartilhar algo que mudou minha vida e que pode transformar a de muita gente também. Manifestar o amor-próprio, seja publicamente ou em particular, é algo muito positivo quando vem de um lugar bem-intencionado.

E adivinhe o que aconteceu? Minha mãe escreveu alguns bilhetinhos também e os grudou no espelho, junto dos meus!

Instrução x motivação

A conversa interior positiva e consciente tem dois propósitos principais. O primeiro é o *instrucional*, que envolve... bem, uma lista de instruções. Costuma ser usada por atletas e artistas. Por exemplo, enquanto uma jogadora de golfe se dirige à bola, ela pode repassar mentalmente uma lista de ações e orientações para aprimorar seu desempenho. Muitos jogadores de basquete têm uma breve conversa interior quando se preparam para executar um lance livre. Atores também usam muito essa técnica antes de subir ao palco.

A "autofala" é incrivelmente eficiente para atletas e artistas porque auxilia na técnica, no foco e na execução. As palavras iniciam toda uma série de padrões neurais e fisiológicos que foram intensamente exercitados em incontáveis horas de treino e prática. Elas ajudam a entrar "na vibe", ou no "estado de fluxo". Essa técnica também ajuda a manter o foco no momento presente sem se distrair com o medo de cometer erros ou a lembrança de erros passados.

O segundo propósito, que é o tema principal deste livro, é *motivacional*. Ele aumenta a autoestima, a determinação e o esforço, além de criar um novo modelo mental. Como resultado, você se torna emocionalmente mais forte e mais capaz de alcançar seus objetivos, quer sejam grandes ou pequenos, pessoais ou profissionais. A conversa interna motivacional pode ajudar você a curar seu corpo e a ser mais saudável. Pode ser usada para impulsionar suas finanças ou para encontrar o companheiro dos seus sonhos. Não há limites para o que esse hábito pode melhorar em sua vida.

O que você diz a si mesma – positivo ou negativo – tem impacto AGORA

O diálogo interno pode ser positivo e motivador, mas também pode ser negativo e cruel. Portanto esteja atenta, porque ele é extremamente poderoso. As palavras que você pensa e diz a si mesma – sejam boas ou ruins – *criarão* a sua vida. Você tem o poder de escolher a vida que vai viver. Um diálogo interno saudável é o alicerce de uma existência feliz. Um diálogo interno ruim é a receita para o desastre. Simples assim.

Como saber se seu diálogo interno é ruim? É fácil: ele é ruim quando se constitui de palavras ou pensamentos negativos sobre si mesma, sua vida, suas circunstâncias e o mundo que a cerca. Quando você critica algo ou alguém, é um diálogo ruim. Você reclama do tamanho das suas coxas? Isso também é um diálogo ruim. Não está feliz com seu carro e se queixa dele? Isso é um diálogo péssimo. Acha que não merece um aumento de salário? Isso é um diálogo tóxico. Pensa que não é boa o suficiente para merecer o amor de alguém? Esse é realmente um diálogo horrível.

Quando a conversa interna é positiva, você se sente inspirada e energizada pelos seus pensamentos. Quando se parabeniza por um bom trabalho, se sente bonita ou diz a si mesma que tem habilidade ou coragem para ir atrás do que quer, está exercitando o diálogo positivo. Qualquer pensamento ou palavra que encha sua bola, que faça com que você se sinta plena e motivada, é um exemplo de autodiálogo saudável.

Agora que você está ciente disso, é preciso aceitar a sua responsabilidade. O tom do seu diálogo interno é uma questão de escolha. Positivo ou negativo? Você decide.

O que você vai escolher?

A chave da mudança está dentro de você. O poder é todo seu.

Dê vida aos seus sonhos, dê força às suas visões e dê luz ao seu caminho.

— SHAD HELMSTETTER

A questão agora é: como usar esse poder que acabou de descobrir que possui? Pense nisso por um momento. Feche os olhos e sinta.

Pode parecer simples, como declarar "Daqui para a frente só vou ter bons pensamentos", mas na verdade não é bem assim. Dizer coisas boas sobre si mesma pode exigir bastante esforço, especialmente para quem tem problemas de autoestima. As palavras podem ser literalmente difíceis de pronunciar porque são contrárias à autoimagem que a pessoa tem.

Mas eu prometo a você: depois que se começa, fica fácil. E divertido também!

Tente se lembrar da última vez que você se olhou no espelho. O que pensou ou disse a seu reflexo? Hoje de manhã, quando escovou os dentes ou se vestiu, você sentiu amor por si mesma e pelo seu corpo? Se a resposta for sim, ótimo! Continue assim, porque isso cria um dia cheio de emoções e oportunidades.

No entanto, talvez seu dia não tenha começado de modo tão positivo. Você disse palavras agressivas? Fez críticas a si mesma? Nesse caso, você criou uma energia negativa que seguirá ao seu lado pelo resto do dia, como a nuvem de sujeira que envolve o Chiqueirinho, dos quadrinhos de Charlie Brown.

Ou talvez você tenha simplesmente se desligado e escovado os dentes no piloto automático. Uma ação neutra, é verdade, porém, mesmo assim, uma oportunidade perdida.

Mas não se preocupe, nós vamos cuidar disso. Mudar o conteúdo da sua conversa interna vai ajudar você a construir uma nova identidade. E essa é uma notícia empolgante!

Como ter conversas incríveis consigo mesma

Ao escolher pensamentos bons, positivos e inspiradores na medida do possível, você já será capaz de realizar uma grande mudança. O método do Café com Autoestima é um modo fácil de começar. E a ideia é simples: mude seu diálogo interno e você mudará sua vida.

Se quiser ter uma saúde impressionante, use afirmações saudáveis. Se quiser ganhar mais dinheiro, use palavras que atraiam prosperidade. Se desejar ser mais confiante, tenha pensamentos empoderadores. Não importa o que deseja aprimorar ou modificar em sua vida, a conversa interior positiva é capaz de fazer isso por você.

Tudo começa com palavras, pensamentos, sentimentos e linguagem. Ganhar mais dinheiro acompanha o sentimento de merecimento. Se você não se sente merecedora, pode resolver isso mudando seu diálogo. Tornar-se fisicamente saudável é uma consequência de se sentir completa. E sentir-se completa é algo que pode ser programado com as palavras que você diz sobre sua mente, seu corpo, sua saúde e seus hábitos. Tudo começa com o bate-papo interior. Na realidade, ele não é apenas o ponto de partida, mas também o maior impulsionador para você alcançar seus objetivos.

Para começar a corrigir sua conversa interna você pode simplesmente pensar algo como "Sou muito produtiva e faço tudo muito bem". Ou então, quando alguém perguntar como você está, responda: "Estou ótima!"

Talvez pareça um tanto esquisito no começo. Exagerado, bobo, idiota e estranho. Mas não é! Quanto mais praticar, mais divertido será observar a reação das pessoas. Adoro quando alguém me pergunta como eu tenho andado, esperando uma resposta típica, como "Tudo bem", e eu ataco com *"Estou me sentindo incrível!"*. Passado o susto inicial, elas não conseguem ter outra reação além de reagir com certa admiração: "Uau! Hum, que legal!"

Uma vez superada a estranheza, as respostas positivas se tornam seu novo padrão. E então, se você não responder com entusiasmo, não se sentirá bem, como se estivesse faltando algo. Durante a fase inicial, entretanto, quando as afirmações positivas ainda lhe soarem estranhas, saiba que *não precisa acreditar nas palavras a princípio*. Com o tempo você passará a acreditar nelas! Essa é a magia.

Ao mudar o seu discurso, você estará reprogramando seu cérebro, e isso acontece de modo automático. É assim que todos nós funcionamos. Na verdade, a maneira como você se sente hoje – bem ou mal – é o resultado da programação mental que recebeu no passado de pais, professores, amigos, da televisão, da mídia em geral, etc. E, em particular, das palavras que você pensou e disse a si mesma.

Quando diz "Eu sou saudável/bonita/poderosa/confiante/etc.", você comanda sua mente a se mover em direção a uma determinada experiência. Sua vida começa a seguir nesse rumo, conduzindo-a a um novo destino – um destino projetado por você mesma. ("Destino" significa literalmente *destinação*.) Em breve veremos em detalhes como reestruturar sua conversa interior com afirmações positivas e por que combiná-las com café.

Mudar esse diálogo interno reescreve seus programas atuais, ajustando o painel de controle do cérebro para direcionar seu comportamento e suas ações para a vida que você realmente quer viver. Se suas conversas até hoje foram ruins, não se preocupe. Você pode começar a corrigi-las agora mesmo.

Este livro é uma ferramenta, e seu sucesso será determinado pelo compromisso com o programa delineado nestas páginas. Lembre-se: você é livre para ter pensamentos inspiradores e poderosos... ou para não tê-los. A escolha é sua. E toda escolha é uma chance de transformação.

E aí? Como anda sua conversa interior?

Fiquei bastante chocada quando tirei um tempo para prestar atenção na voz na minha cabeça. Foi um momento de profunda revelação. Eu pensava que meus diálogos internos eram bons... Mas nããããããão! Não estavam nem perto disso.

Quando descobri que tudo que dizemos é algum tipo de declaração (positiva ou negativa) e que isso cria nossa realidade, examinei atentamente as palavras que dizia a mim mesma todos os dias. Cada palavra, cada pensamento.

Embora eu pensasse um bocado de coisas boas sobre mim, fiquei em choque ao perceber que, na verdade, eu pensava muito mais coisas ruins a meu respeito. Eu era como um juiz severo e muitos comentários negativos sobre a minha pessoa e sobre o mundo em geral. Tudo era alvo de críticas: meu cabelo grisalho, minhas rugas, minhas roupas, a comida que eu ingeria, minhas finanças, meu nível de energia, as pessoas ao meu redor, e assim por diante.

Apesar de ser uma pessoa geralmente positiva (ou, pelo menos, era o que eu achava), eu conseguia encontrar muito do que reclamar. Mesmo sendo reclamações microscópicas, elas aos poucos minavam minha autoestima, minha saúde e minha experiência de vida. Mas eu não sabia disso. É exatamente aí que as coisas podem ser traiçoeiras. Veja bem, eu tinha uma conversa interna boa o suficiente para que os pensamentos ruins não me prejudicassem por completo. Então, como em geral meu diálogo era positivo, eu não percebia que estava dizendo algo negativo. Eu não tinha noção de como as coisas poderiam ser melhores.

Por exemplo, digamos que o meu fluxo de pensamentos em um dia típico fosse constituído de 37 pontos negativos e 63 positivos. Os positivos dominavam, fazendo com que eu me sentisse mais positiva do que negativa. Desse modo, meu diálogo interno não chegava a ser tão ruim a ponto de fazer com que eu sentisse a necessidade de mudança. Mas bastava um desses pontos negativos aparecer para que meu cérebro fosse afetado negativamente. *Apenas um!* Eu não percebia que *todo* pensamento negativo nos trava um pouquinho. Eles vão se somando e levam a consequências desagradáveis. As oportunidades desaparecem como a luz se apaga quando acaba a energia elétrica. Puff! De repente, tudo fica no escuro. As palavras negativas realmente têm esse poder, e você não quer viver sendo escrava delas. Não é como você *deveria* viver.

Essa foi uma grande descoberta para mim. Foi triste e doloroso perceber como eu vinha me tratando mal por tantos anos. Eu estava lançando uma escuridão desnecessária e prejudicial sobre a minha vida. Mas, ao mesmo tempo, foi bom saber que havia espaço para melhorias.

Senti uma chama se acender dentro de mim. Vislumbrei as incríveis mudanças que aconteceriam na minha vida quando eu cortasse todo aquele papo furado negativo e substituísse TUDO por palavras positivas. E eu quero dizer TUDO mesmo! Porque a verdade é que não precisamos do diálogo negativo. Cada ocorrência, por menor que seja, cobra um preço. É como uma morte por mil pequenos cortes: um único pensamento ou comportamento negativo não mata, mas você vai morrendo lentamente a cada palavra prejudicial.

Sua conversa interior é fundamental para sua autoestima, mas os efeitos dela também se enraízam por todas as áreas da vida, afetando inclusive a sua saúde. Uma voz interna positiva contém uma espécie de vitamina superprotetora, rica em nutrientes, que aumenta sua capacidade de cura.

Ter uma relação saudável consigo mesma faz com que você se sinta melhor e, quando se sente melhor, seu sistema endócrino produz níveis mais baixos de hormônios do estresse. Isso é benéfico porque, com o tempo, os efeitos do estresse crônico literalmente matam. E quando você experimenta menos estresse, seu corpo se cura mais depressa. Visualize a beleza desse processo!

Dê um passo além: assuma hoje a responsabilidade pela sua vida

Você tem um poder tremendo quando é menos dependente das condições do mundo exterior e não se sujeita às escolhas de outras pessoas. O diálogo que mantém na sua cabeça é importante porque o que você pensa sobre si mesma se transforma em sua verdade. E sua verdade se transforma em sua vida, seu destino. De fato, o modo como você se sente é a força motriz por trás de um dia bom, um dia chato ou um dia ruim. Pense nisso. Como você se sente agora é o resultado do que pensou sobre si mesma hoje de manhã, ontem, na semana passada, no mês passado, e por aí vai.

Essa mudança tem que ser feita por cada uma de nós. Sua vida não vai melhorar a menos que você faça acontecer. A boa notícia é que tudo de que você precisa para mudar está em suas mãos. Aqui e agora. Você encontrará sua fonte de felicidade e sucesso dentro de si.

Parece bom demais para ser verdade? Não é! É assim que fomos feitos para viver. Imagine que você está diante de uma porta. Ela está fechada no momento. De um lado está uma vida incrível, cheia de luz, amor, confiança, emoção e realizações. Do outro lado está VOCÊ. Você está parada, com a mão na maçaneta. Tudo de que precisa para abrir a porta é ter os pensamentos certos. É como um poder Jedi: você diz palavras positivas e edificantes sobre si mesma e sobre sua vida, e então a maçaneta fica dourada, reluzindo com a energia que você transfere para ela. Você se sente inspirada por esses pensamentos e gira a maçaneta. A porta se abre e você passa por ela, encontrando a vida que sabia que poderia ter. É tudo seu e sempre esteve ali, esperando que você desse aquele passo.

A vida acontece de dentro para fora.
Quando se muda o lado de dentro, a vida
muda do lado de fora.

— KAMAL RAVIKANT

Capítulo 2

CAFÉ COM AUTOESTIMA

Como praticar o Café com Autoestima (versão resumida)

O passo a passo é fácil:

1. Prepare todos os dias de manhã uma xícara de café (ou de chá, de água... o que preferir).
2. Sente-se para beber, demore-se saboreando o café – realmente *sinta* o sabor – enquanto abastece seu cérebro com afirmações positivas poderosas (palavras inspiradoras que você diz a si mesma).
3. Para obter resultados melhores, fale em voz alta.

E é isso.

Veja alguns exemplos de afirmações positivas que costumo usar em meu ritual de Café com Autoestima:

Amo a vida. Amo a minha vida. ***Eu me amo!***

Sou grata por tudo que está na minha vida neste exato momento:

meu café, minha casa, minha cama, minha família, meus amigos, toda a minha vida.

Sou uma pessoa fantástica porque sou ***bondosa, bela e generosa.***

A vida é cheia de oportunidades, não importa aonde eu vá. Vou aproveitá-las.

Eu amo o dia de hoje porque sou responsável por ele. Faço dele o que quiser! Eu me sinto poderosa.

Sinto-me inspirada neste exato momento porque cuido de mim. Mereço ter este tempo para preparar meu dia e torná-lo o melhor dia de todos.

Estou tendo um dia maravilhoso! *Sorrio com grande alegria, estou empolgada com tudo o que vai acontecer hoje, a cada hora.*

Sou um ímã para o sucesso, a prosperidade, a abundância e tudo o que eu desejo.

Deixo que todo o medo me abandone agora.

Estou assumindo agora a responsabilidade pelo meu sucesso e pela minha vida. Sou uma mulher com uma missão.

Eu AMO me sentir tão fantástica!!!!

Esses pensamentos e sentimentos instruem seu cérebro e seu corpo para que você tome decisões melhores, cometa menos erros, sinta-se mais forte emocionalmente e ame a sua vida.

Embora possa encontrar certa resistência no início, você vai perceber alguns resultados no mesmo instante. De um jeito ou de outro, à medida que praticar, você notará uma verdadeira transformação acontecendo. Estou falando de transformação *mesmo*, mudança total, quase uma metamorfose. Nas próximas duas a três semanas, seu cérebro literalmente começará a se reprogramar. (Falaremos mais sobre isso adiante.)

Por que o café?

As instruções tradicionais de reprogramação mental não fazem qualquer menção ao consumo de bebidas deliciosas, quentes e cheias de cafeína. (Daqui para a frente, sempre que eu disser *café*, substitua por sua bebida favorita.) Mas ancorar o processo ao seu café matinal traz os seguintes benefícios:

1. Ritualização

Ao transformar um comportamento num ritual, você lhe atribui um significado especial. Esse significado dá a ele mais importância, o que faz com que você o leve mais a sério. Quanto mais cerimonioso, melhor. E como os rituais são repetidos, eles se tornam parcialmente automáticos, o que é fundamental para estabelecer novos hábitos (Falaremos mais sobre hábitos no Capítulo 14.)

2. Persistência

Tomar seu café matinal não é algo que você se esqueça de fazer. E 90% do sucesso na vida se deve a perseverar por tempo suficiente até que alguma coisa funcione. Pode ser atividade física, dieta, um plano financeiro, um projeto profissional. O segredo do jogo é a persistência. Quando você vincula as afirmações positivas a uma parte de sua rotina diária que dificilmente será omitida, os benefícios se acumularão a longo prazo para seu sucesso e seu bem-estar.

3. Modalidades multissensoriais

Vincular as afirmações positivas ao ato de tomar café conectará as palavras que você disser à experiência sensorial e fisiológica de tomar uma bebida quente. Se a bebida de sua escolha contiver cafeína, então você ainda terá o benefício adicional de ingerir um estimulante nootrópico ao recitar suas afirmações. Isso significa que o cérebro presta mais atenção nas suas palavras. Sem mencionar que todo café futuro se tornará um gatilho para seu novo e positivo estado mental, assim como os cães de Pavlov babavam toda vez que ele tocava a campainha do jantar.

4. Alegria

Fala sério: café é uma delícia.

Por que você começará a amar sua vida ao praticar o Café com Autoestima?

Porque, ao mudar seus pensamentos, você muda seu cérebro, seu foco e sua realidade. Com novos pensamentos positivos, você tem novas escolhas, e essas escolhas inspirarão novos comportamentos. Assim que seus comportamentos mudarem para melhor, você terá novas experiências e novos sentimentos. *Pimba!*

Bem-vinda à sua nova versão.

Combinar meu café diário com afirmações positivas é uma das ferramentas que usei para promover grandes mudanças em minha vida. Esse ritual me estimula a agir e a buscar meus sonhos com fôlego renovado todos os dias.

Quando junta as duas coisas, você as vincula no cérebro. Ao tomar café, falar consigo mesma e repetir esse ritual todos os dias, você ancora os *benefícios* da conversa interna à *experiência* de tomar café.

Você sabia que os ratos que recebem radiação (e ficam enjoados) depois de comer determinado alimento ficarão nauseados no futuro quando sentirem o mesmo sabor, mesmo se não for administrada qualquer radiação? O cérebro faz coisas estranhas assim o tempo todo. Ele torna as coisas reais!

Com o ritual do Café com Autoestima, você está usando essa peculiaridade do cérebro para criar, sob demanda, um estado mental mais forte. Todas as manhãs! Ou até várias vezes ao dia, se quiser.

Tomar café repetindo afirmações positivas faz com que você se sinta bem imediatamente. Portanto, a conversa interior não só traz inúmeros benefícios a longo prazo (como atrair abundância para sua vida em geral) como também proporciona um aumento instantâneo de bem-estar e energia (bem, a cafeína ajuda nisso – haha).

Em outras palavras, é impossível se sentir desanimada, triste e abatida depois da sua dose diária de café e autoestima. Não estou dizendo que seu estado de ânimo vai pular de zero a dez todas as vezes (embora isso possa acontecer), mas seu humor vai entrar numa rota ascendente. E um objeto em movimento tende a permanecer em movimento.

Qualquer progresso ajuda: ir de zero a três, ou mesmo de zero a um. Mesmo que pouco, vai fazer diferença. Com o passar do tempo, essa diferença pode se tornar tão nítida quanto ligar um interruptor de luz – indo de zero a dez num instante –, porque você programou seu cérebro para funcionar assim.

Como tudo começou?

Quando entrei na casa dos 20 anos, comecei a ter conversas motivacionais olhando no espelho, sempre escolhendo palavras e pensamentos positivos.

Quando jogava golfe, eu me dirigia à bola, dava instruções a ela, repassava uma lista de movimentos que eu deveria fazer e oferecia congratulações a mim mesma antes de cada tacada. Eu também tinha conversas internas conscientes antes de ir a entrevistas de emprego. Isso era bom para fortalecer minha autoestima e me ajudava a demonstrar o tipo de confiança que só uma pessoa verdadeiramente relaxada consegue transmitir.

Ou seja, o hábito do autoestímulo fazia parte da minha vida, embora eu não soubesse que se tratava de uma técnica. Só descobri isso quando conheci meu marido.

Acontece que o pai dele, Shad Helmstetter, que hoje é meu sogro, é considerado por muitos o pai dessa técnica – a *autofala*, ou, na expressão original em inglês, *self-talk*. Ele foi um dos grandes responsáveis por disseminar e popularizar esse conceito.

Por ser uma pessoa que gosta de esquadrinhar a seção de autoajuda das livrarias, eu achava que tinha uma visão positiva sobre a maioria das coisas da vida. Se eu encontrava um desafio ou um problema, presumia que existia uma solução em algum lugar, mesmo que ainda não soubesse qual era. Eu acreditava que o tempo cura todas as feridas. Que as pessoas são essencialmente boas, que existe um lado bom em tudo o que acontece, que contratempos nos tornam mais fortes, e assim por diante.

Mas eu não seguia nenhum método. Eu só sabia que é melhor ter bons pensamentos do que ter maus. Mas como não tinha uma abordagem intencional ou estruturada, eu demorava mais tempo para me recuperar das quedas, dos desafios e dos fracassos. Minha atitude geralmente positiva garantia minha recuperação no fim das contas, mas – puxa vida – poderia ter sido TÃO mais simples! Para começo de conversa, eu poderia ter evitado muitos problemas se minha perspectiva tivesse sido ajustada. Sabendo o que sei agora, posso garantir que a vida fica muito melhor quando aproveitamos o nosso diálogo interno de maneira consciente e proativa.

Se você usa esse recurso regularmente – e a chave para fazê-lo com regularidade é torná-lo um hábito, como tomar o café da manhã –, então você pode levar uma vida muito melhor do que a que tem hoje. Seu cérebro se reconecta e você se torna outra pessoa.

Este é o truque: encontrar tempo para praticar com regularidade. Mas, sejamos honestas, você pode encontrar mil ocasiões por dia para falar positivamente consigo mesma. Enquanto caminha do quarto para a cozinha, enquanto faz xixi ou escova os dentes, enquanto dirige, enquanto trabalha, enquanto prepara a comida – todos esses momentos lhe oferecem oportunidades para recorrer à sua voz interior e se sentir inspirada.

No entanto, ao fazer isso enquanto toma seu café matinal, você nunca perde um dia. E então cria um hábito infalível, porque nenhum bebedor de café que se preza deixa de tomar café! Ao vincular as duas atividades, o hábito se torna automático.

E tem mais: quando faço meu Café com Autoestima, não fico simplesmente parada pensando em unicórnios e arco-íris. Não! É algo bem mais deliberado. Criei um método completo e ajustei-o para se tornar fácil de implementar e garantir o sucesso.

> **O diálogo interno positivo e consistente é inquestionavelmente um dos maiores presentes para a mente subconsciente.**
>
> – EDMOND MBIAKA

O nível mais básico do Café com Autoestima

1. Pegue papel e caneta, ou um diário, ou seu computador, ou seu smartphone com um aplicativo de notas.
2. Escreva entre 15 e 20 coisas boas sobre você. Escreva na primeira pessoa e no presente. (Por exemplo, eu escrevo *Sou uma milionária sexy e feliz*, embora ainda não seja exatamente milionária.) Falar do futuro como se fosse o presente é muito importante. Essas 15 a 20 frases são o

roteiro básico, e elas podem incluir suas próprias afirmações, letras de músicas que você ama, citações inspiradoras (que você deve passar para a primeira pessoa), etc. Você vai usá-las todos os dias, mas é livre para fazer alterações o tempo todo, obviamente.

3. Agora pegue sua deliciosa xícara de café e beba enquanto lê sua conversa interior. Leia e releia a lista até a xícara estar vazia. Ler em voz alta é a melhor opção, mesmo se sua voz não passar de um sussurro. Faça isso todas as manhãs.
4. Aproveite o dia incrível que VOCÊ acabou de criar.

Estamos apenas arranhando a superfície. Continue lendo para saber por que isso é tão poderoso e como criar seu programa de sucesso.

"Empilhamento de hábitos"

Um dia, enquanto eu ouvia o audiolivro *Hábitos atômicos*, de James Clear, percebi que meu Café com Autoestima era minha versão pessoal do que ele chama de "empilhamento de hábitos". O empilhamento de hábitos é uma das razões pelas quais esse método é tão eficaz. Você pega um hábito positivo – o diálogo interno consciente e positivo – e o "empilha" sobre outro hábito que você já tem e adora: tomar café. Seu tempo é empregado com eficiência e você cria uma conexão que pode ser usada a seu favor.

No meu caso, eu, com certeza, já tomaria o café diariamente. Assim, ao adicionar o diálogo positivo, criei um hábito forte que persiste ao longo do tempo. Se eu tivesse tentado fazer isso sem o café... bem, talvez eu tivesse insistido. Ou não. Mas hoje a minha xícara diária de café está cheia de afirmações que moldam o meu dia. Curiosamente, gosto do meu café mais do que antes! Então energize-se vinculando um hábito antigo e atraente a um novo comportamento que você gostaria que se tornasse um hábito. Isso é empilhamento de hábitos.

O melhor de tudo é que você não precisa perder tempo para implementar esse método. Afinal, você já ia mesmo tomar aquela xícara de café. Ao aproveitar o momento para investir na sua autoconfiança, você estará usando seu tempo de forma mais inteligente e com mais propósito. Intencionalmente. Em vez de ficar navegando na internet e verificando as redes sociais, faça algo que vai garantir mais felicidade e eficiência pessoal em apenas alguns minutos.

Fazer o que sempre fez, como entrar nas redes sociais, reforça *o velho você*. Estamos interessadas na *transformação*. Estamos aprendendo novos hábitos para *nossa nova versão* porque queremos levar uma vida mais feliz e realizada. Então, em vez de fazer pela manhã coisas que roubam seu tempo e sua energia, suba de nível e assuma o próprio poder com uma conversa interior positiva. Torne-se uma *criadora* mantendo esse diálogo interno logo pela manhã e observe como sua vida mudará rapidamente.

É importante entender algumas coisas sobre como manter os hábitos. Para começar, quando você quer formar um novo hábito, é preciso acreditar que ele é positivo e que você vai ficar melhor ao implementá-lo. Não apenas porque outras pessoas dizem que é bom, mas porque você *acredita* nisso. Dar ao novo hábito um significado positivo e saber que isso a beneficia alinham sua vontade com seu propósito. Quando isso acontece, a resistência natural diminui, acelerando o processo que levará ao sucesso.

Para formar bons hábitos, você precisa de um plano para saber quando e como realizar a ação que se tornará o hábito. Com um plano, é mais provável que você realize o que se propõe. O método do Café com Autoestima é exatamente esse tipo de plano: já adoramos nosso café, e agora estamos ancorando-o em um novo hábito que gostaríamos de criar. Assim, cria-se um loop de autorreforço, fazendo do ato de conversar consigo mesma uma ferramenta para uma mudança duradoura.

Um benefício extra desse processo é que, como ele está ancorado no aroma e no sabor do café, não demorará muito até o diálogo positivo ser ativado em outros momentos do dia. Por exemplo, quando você beber uma segunda xícara de café ou passar em frente a uma cafeteria, sua mente vai desencadear as palavras positivas e produzir uma sensação de bem-estar.

Mude seus pensamentos e você mudará seu mundo.

— NORMAN VINCENT PEALE

Capítulo 3

OS INCRÍVEIS BENEFÍCIOS DO CAFÉ COM AUTOESTIMA

Vamos começar pelo começo! Qualquer um pode praticar este método e se beneficiar dos resultados transformadores que ele oferece. Mulher, homem, criança, adolescente, idoso... todos podem colher benefícios instantâneos. Só é necessário começar e assumir o compromisso diário. Com o tempo, você vai ver que essa prática é *tão viciante quanto o seu café*!

Benefício nº 1: Entusiasmo

Como está descobrindo agora, Café com Autoestima é um programa poderoso, pois permite que você crie uma nova identidade a partir de afirmações positivas. À primeira vista, as afirmações podem parecer apenas palavras, mas o efeito sobre você é bem profundo. Essa poderosa conversa interna corrige, molda e reprograma seu subconsciente, tornando você uma pessoa renovada e mais dinâmica. E é aqui que você ganha energia, pois esse processo libera neurotransmissores e endorfinas que a levam a se sentir bem.

Em outras palavras, o Café com Autoestima não apenas torna você mais eficiente e aberta para atrair possibilidades como também a deixa mais feliz de maneira instantânea.

Como resultado, esse hábito abastece sua vida com energia e entusiasmo. Você descobrirá que as frases e palavras positivas lhe provocam alegria assim que saem de seus lábios. Elas vão fazer você se sentir brilhante, energizada e mais feliz. Isso, por sua vez, atrai uma vida extraordinária, porque você será um verdadeiro ímã para tudo que é bom. Sua vida passa a fluir sem esforço.

Assim que começar, você vai entender do que estou falando. As coisas vão mudar e você logo se sentirá mais tranquila e menos crítica.

Tantas sincronicidades incríveis vão acontecer que você vai ter vontade de se beliscar para ver se é verdade! Depois de algum tempo, isso vai passar a ser comum – e você vai começar a esperar que seja mesmo.

Parece mágica, mas é apenas ciência. As palavras que você escolhe pensar e dizer irão programar seu comportamento de maneiras específicas. Tais frases desencadeiam sentimentos e emoções causados pelas substâncias químicas que seu corpo libera em resposta. As emoções que criamos a partir das afirmações positivas nos ajudam a produzir endorfinas (peptídeos opiáceos) e os chamados neurotransmissores do bem-estar, como a dopamina, a serotonina (o hormônio da "felicidade") e a oxitocina (o hormônio do "amor e do vínculo"). Na verdade, os cientistas continuam a fazer novas descobertas, como o neurotransmissor anandamida, conhecido como a "molécula da felicidade". Nosso cérebro produz essa substância quando estamos em estados emocionais elevados. É muito legal!

Com o Café com Autoestima, você escolherá as afirmações mais adequadas à sua situação. Essas palavras são mais do que a chave para você se sentir bem de imediato (que é o benefício a curto prazo): elas são a fonte da ciência mágica que fará com que seus sonhos venham a se realizar.

Resumindo: você vai se sentir melhor, mais saudável, mais forte e mais feliz. Vai se abrir para mais oportunidades, relacionamentos mais significativos e momentos mais divertidos. Vai mudar toda a sua visão de mundo e enxergar muitas possibilidades à sua frente. Na verdade, essas possibilidades sempre estiveram ali, mas sua atenção seletiva as filtrava com base no seu estado mental anterior e em suas crenças negativas sobre o mundo. Você vai descobrir que é capaz de fazer coisas que nunca imaginou que seriam possíveis.

Benefício nº 2: Amor-próprio

Em primeiro lugar, o Café com Autoestima inclui pensamentos amorosos e palavras positivas voltadas para si mesma, e você reage devolvendo a gentileza por meio de atos.

Por exemplo, considere uma mulher que não está feliz com seu corpo. Mesmo assim, ela começa a afirmar o amor por si mesma e por sua aparência. Esse não é seu sentimento habitual. Antes ela reclamava e suspirava sempre que se olhava no espelho, mas agora está decidida a pensar e a dizer coisas melhores a si própria.

Depois de alguns dias mantendo essa rotina de palavras positivas, ela começa a notar uma mudança. Ela percebe que está sendo mais gentil, mais bondosa e menos crítica consigo mesma. Depois de uma semana, realmente se sente mais bonita. Sua amabilidade na forma de tratar a si mesma reverbera de tal modo que ela começa a se ver sob uma luz nova e radiante.

A parte realmente mágica desse processo é que ela de fato está mais bonita. Está literalmente mais atraente. Os seres humanos estão sintonizados – muitas vezes de modo subconsciente – com as mais sutis mudanças na presença física: expressões faciais, postura, maneirismos, discurso, tom de voz, confiança e assim por diante. Quando você começa a irradiar essa luz amorosa, *as pessoas percebem*!

O processo às vezes pode ser um pouco lento. Talvez as palavras positivas não pareçam sinceras no início. Mas tudo bem. Mantenha o foco e continue se esforçando. Vai funcionar. O amor fluirá através de você e a partir de você.

Em segundo lugar, usar o Café com Autoestima para nutrir o amor-próprio a aproxima dos seus sonhos porque você finalmente começa a acreditar em si. Isso torna sua vida mais fácil porque você se sente menos estressada e mais resiliente. Sem mencionar que se torna mais divertido ficar consigo mesma. Não subestime o poder que seu amor-próprio tem para tornar seus sonhos realidade!

Atenção: é importante se amar como você é agora, enquanto orienta seu cérebro para a pessoa na qual está se tornando. Por exemplo, se você gostaria de perder peso, não precisa esperar emagrecer para se amar. Em vez disso, você se ama *como é agora*, e observa como suas escolhas alimentares mudam de forma natural.

Como isso funciona? É simples: quando você se ama como é, automaticamente faz escolhas que fortalecem esse amor. Ou seja, amando seu corpo agora, talvez você passe a se alimentar de forma mais saudável, mesmo sem perceber. Uma pessoa que ama seu corpo sabe do que ele precisa para funcionar bem. Quando sua conversa interna muda, seu comportamento muda também.

Da mesma forma, quando você se ama do jeito que é, passa a respeitar os desejos do seu corpo. Se você está com vontade de comer uma fatia de bolo de chocolate, vai comer e saborear cada pedacinho, sem culpa. Isso também é poderoso.

O mecanismo do primeiro caso é óbvio: você escolheu alimentos saudáveis, e isso contribuiu para que se tornasse mais saudável. O segundo caso – comer o bolo de chocolate – é mais sutil. Significa ter tanta alegria e tanto amor-próprio que não sobra espaço para sentimento de culpa, estresse ou negatividade, e seu corpo assimila a comida de um modo amoroso e saudável. Claro, não estou sugerindo que você coma bolo todos os dias porque se ama, pois isso seria incompatível com a sua nova identidade que vem fazendo escolhas melhores. Ao se amar de verdade, você muda seu comportamento para tomar boas decisões; quando toma boas decisões, vive melhor.

Mas isso não é tudo! Doses diárias de amor e aceitação também *infundem saúde em você*. Suas células "sentem" essa mudança. Proteínas e hormônios do bem-estar circulam pelo seu corpo, reduzindo a inflamação e regenerando-o para um futuro mais saudável. Quando sua autoestima cresce e seu amor-próprio se fortalece – dois resultados obtidos com o autodiálogo positivo –, seu corpo pode se transformar apenas por meio de alterações metabólicas, sem que haja mudanças de hábitos alimentares ou de atividades físicas. O cérebro tem um jeito próprio de tornar as coisas reais, especialmente no que diz respeito ao corpo, ao metabolismo, à expressão genética, à imunidade e à saúde em geral.

Aqui está outro exemplo: você não vai encontrar alguém para amar se não *amar a si mesma primeiro*. Quando você se ama, os princípios da Lei da Atração entram em ação. Se você vibra em uma frequência mais alta, os outros notam e passam a achá-la irresistível. Pessoas amorosas são atraídas por pessoas amorosas. Você vai apenas observar o amor chegar em sua vida, como num passe de mágica.

Outro exemplo: você não precisa esperar uma crise para fazer mudanças em sua vida. Em vez disso, você deve ficar agradecida cada vez que uma lufada de ar entra em seus pulmões, amando e apreciando a si mesma e a sua vida como ela é hoje. Se sua rotina é tranquila, sem grandes queixas, não espere que alguma coisa ruim aconteça para entrar em ação. Cave seu poço antes de ficar com sede! E o método do Café com Autoestima é o melhor jeito de cuidar de tudo agora mesmo!

Eis uma regra para levar para a vida:

Amar a si mesma é um pré-requisito para manifestar seus sonhos.

Se quiser prosperar, se quiser se sentir fantástica, linda e cheia de energia, se quiser deslizar pela vida com mais facilidade, comece a se amar. Hoje.

Algo incrível acontece quando nos amamos. Tudo se ilumina, reluz, se torna mais leve e ao mesmo tempo mais forte. Um peso invisível sai de nossos ombros quando nos permitimos fazer aquilo que é um direito adquirido: amar a nós mesmas. Nós nos sentimos melhores, não importa o que esteja acontecendo. Um rompimento? Uma pandemia? Uma demissão? Uma dolorosa decepção? Tudo bem, porque o amor-próprio preserva a sensação de plenitude. Amar-se faz com que você se sinta digna. E quando se sente digna e completa, não há limites para o que você pode conquistar.

Quando começamos a nos amar, criamos uma energia, uma deliciosa vibração que nos envolve e se estende além de nós. Ela se torna o solo rico que nutre as sementes de positividade que plantamos com nosso diálogo interno. O amor-próprio nos torna mais poderosas. Atrai as pessoas certas, as oportunidades certas e as circunstâncias certas.

A princípio, amar-se pode ser uma tarefa difícil. Mas é aí que o Café com Autoestima entra em ação. Ao praticar, você está abastecendo seu corpo com boas energias e mudando as conexões em seu cérebro. Pode não parecer assim na primeira vez que você ler sua lista de afirmações, mas depois de algumas vezes esse hábito vai criar raízes. Você plantou sementes, as regou e as nutriu por meio da repetição, e os brotos aos poucos vão começar a surgir. Em breve, você perceberá que sua vida está ficando melhor. Suas possibilidades e oportunidades crescerão de modo exponencial.

Benefício nº 3: Felicidade

Como você já sabe, o diálogo interno positivo estimula a autoestima, o bem-estar e o gosto pela vida, que por sua vez curam o corpo e a mente. Mas vale a pena frisar para não esquecer: essas cápsulas diárias de positividade tornam você mais feliz.

A felicidade existe no momento. É importante se lembrar disso porque significa que você pode acessá-la sempre que quiser. E quando faz isso o tempo todo, você cria um fluxo contínuo de momentos felizes, como um gotejamento intravenoso de felicidade, que cria um *padrão de felicidade* de longo prazo. E isso se reflete em uma vida maravilhosa. Pesquisas mostram que pessoas felizes são mais produtivas, mais prestativas, mais ativas e mais simpáticas. São também menos estressadas. Então seja uma dessas pessoas felizes que são mais resilientes, mais saudáveis, mais criativas e que ganham mais dinheiro – oba!

Você pode começar a ser feliz agora, pois a felicidade está toda dentro da sua mente. Ela é de sua total responsabilidade. Não importa o que esteja acontecendo ao seu redor, não importa quais sejam as circunstâncias, não importa quais desastres aconteceram com você quando era criança, ou ontem no trabalho, ou há dez minutos. A maneira como você reage e segue em frente depende 100% de você.

Benefício nº 4: Resiliência

Você descobrirá que a conversa interior é um hábito saudável e protetor, porque suas emoções ficam mais fáceis de controlar e são menos perturbadas por eventos externos ou por seus pensamentos aleatórios. Sua autoestima se torna resistente. Os comentários e as opiniões dos outros perdem o poder à medida que seu valor interno (sua autoestima) aumenta. Quando isso acontece, as balas ricocheteiam em você (balas metafóricas, é claro), dando-lhe força para se levantar de novo e seguir adiante.

Essa flexibilidade, essa resistência estão entre os benefícios mais importantes do Café com Autoestima. É como se você estivesse vestindo uma armadura. E por saber que está usando essa proteção extra, você ganha coragem e confiança para persistir, mirar mais alto e correr riscos. Você fica mais segura, por exemplo, para convidar aquela pessoa especial para um encontro, para pedir o aumento que você merece, postar aquele vídeo no YouTube, lançar o negócio dos seus sonhos ou mostrar seu talento em uma noite de calouros. Ei, quem sabe até para escrever um romance! De qualquer forma, você não tem mais medo da rejeição e realmente anseia experimentar novos desafios e aprender com eles.

Isso se aplica a mim como uma luva. Por ser escritora, o amor gerado pelas afirmações que dirijo a mim mesma me permite manter o ânimo apesar das resenhas negativas (eca!) dos meus livros. Você sabe como é fácil deixar que a crítica negativa de um completo desconhecido arruíne todo o seu dia, não sabe? Mesmo quando é apenas uma opinião isolada e atípica em um mar de elogios, ainda é uma droga e pode desencadear uma descida escorregadia pela ladeira do desespero. Mas quando sua autoestima está protegida e você se ama de verdade, não se abala com as opiniões dos outros. Você está imune a elas e até mesmo preparada para considerar as críticas de forma objetiva, sem emoção, caso haja algum conteúdo que possa ajudá-la a melhorar.

Benefício nº 5: Amor, saúde e dinheiro

O Café com Autoestima melhora sua vida de muitas maneiras, mas, para mim, os três grandes alvos são:

- Amor
- Saúde
- Dinheiro

Discutirei isso mais a fundo nos próximos capítulos, mas, em resumo, as afirmações positivas podem levá-la a encontrar um amor para toda a vida – você sabe, daquele tipo que parece história de cinema – porque transforma você em sua versão mais autêntica. Isso ajuda a atrair sua alma gêmea, alguém que vibra em sintonia com o seu eu verdadeiro.

A autofala é utilizada por muita gente para melhorar a saúde, seja na cura de doenças ou lesões, para alcançar uma boa forma física ou simplesmente para aprimorar seu bem-estar geral (veja os Capítulos 14 a 16).

E sua conta bancária também pode ser beneficiada, porque sua confiança e sua criatividade estarão nas alturas (veja o Capítulo 17). Você vai enxergar mais oportunidades, mais portas se abrindo. E vai gastar seu dinheiro com mais sabedoria, concentrando-se no que realmente a deixa feliz.

Benefício nº 6: Realização

A razão pela qual tanto me dediquei para transformar as afirmações positivas em hábito diário é que, quando decidi me tornar milionária, sexy e feliz, pretendia que meu sonho se realizasse o mais rápido possível. E nada leva as coisas a acontecerem mais depressa do que um progresso diário consistente. (No meu blog, HappySexyMillionaire.me, conto como cheguei a essa decisão e compartilho meu crescimento, meus sucessos e contratempos ao longo do caminho.)

O Café com Autoestima é um componente vital para alcançar meu destino de milionária sexy e feliz. É uma das ferramentas para impulsionar minha atitude e meu amor-próprio. Isso me mantém avançando como um trem de carga, todo santo dia. Como aprendi durante a minha jornada, um ingrediente essencial da Lei da Atração (e da manifestação de seus sonhos) é manter emoções elevadas durante o dia inteiro – e nenhuma outra técnica que conheço funciona tão bem quanto as afirmações positivas feitas junto do seu café matinal.

Limitar-se a *pensar* na vida dos seus sonhos não é a maneira mais rápida de fazer tudo acontecer. Simplesmente criar uma lista de desejos coloca você na pista lenta da prosperidade. Não é um beco sem saída, mas também não é uma decolagem de foguete.

A magia acontece quando você combina ideias, objetivos e ambições com *emoções elevadas* – quando você se sente inspirada, animada e cheia de amor. É essa soma entre as partes de *pensamento* e de *sentimento* do seu cérebro que cria coerência em seus pensamentos e ações, remove barreiras como a insegurança e coloca você em um carro de Fórmula 1, correndo em direção a uma vida futura incrível, plena de realizações.

Quando seu coração está cheio dessas emoções, não há espaço para o medo. Imagine como sua vida seria se você não sentisse medo. Eu costumava me banhar no medo. Agora ele praticamente desapareceu. A diferença entre a minha vida antiga e a atual é impressionante, e eu nunca mais quero voltar ao que era antes.

Benefício nº 7: Renascimento

Não seria incrível realizar seus sonhos e se sentir feliz e confiante? Como seria sua vida se você navegasse por ela com leveza em vez de se arrastar e tropeçar pelo caminho? Quanto você poderia realizar a cada dia, semana ou mês se tivesse mais energia, entusiasmo e segurança? Pense em todas essas coisas, porque é o que vai acontecer quando você colocar em prática o Café com Autoestima; você vai renascer como uma fênix ressurgindo das cinzas.

As afirmações positivas que você repete são comandos para o seu subconsciente. São um plano para o seu cérebro. À medida que você projeta esses pensamentos, eles se tornam um hábito, você faz novas escolhas e cria uma versão aprimorada de si mesma.

Você já desejou ser diferente? Já imaginou como seria se você fosse mais corajosa, engraçada ou criativa? Gostaria de escrever melhor? Quer ser mais descontraída, menos ansiosa? Pois bem, você pode mudar sua personalidade e sua atitude com afirmações formuladas especificamente para você se tornar a pessoa que sonha ser.

Funciona de verdade. Eu sou a prova viva disso, assim como milhares de outras pessoas. A prática do Café com Autoestima me deixou mais feliz, me transformou numa escritora mais bem-sucedida, me motivou a ir à academia quando eu não queria ir, me tornou uma mãe melhor e uma esposa mais amorosa. A lista continua, e você pode experimentar os mesmos resultados.

Benefício nº 8: Confiança

O hábito do diálogo interno positivo aumentou tanto a minha confiança que agora tenho facilidade para falar com desconhecidos, e me sinto mais à vontade do que nunca para iniciar conversas. Mesmo quando estou na Itália (não falo italiano muito bem), consigo abordar as pessoas sem medo de errar ou de ser mal interpretada. Isso não só me ajuda a aprender mais (no meu caso, o idioma) como também abre muitas oportunidades. Às vezes, aprendo coisas ou conheço pessoas que resolvem um problema imediato em minha vida, ou esbarro numa rede totalmente nova de pessoas a partir de uma única conversa com um desconhecido. Ou então descubro uma maneira de ajudar alguém de algum modo, ou apenas faço um novo amigo. Seja como for, sempre saio no lucro.

O Café com Autoestima também me capacita a me amar nos momentos de estresse e ansiedade, criando um ambiente seguro dentro de mim. No passado, quando eu escrevia um post no blog ou publicava um livro, em vez de sentir alegria pela minha realização eu deixava a ansiedade sabotar a experiência. Assim que meu conteúdo ficava disponível, eu me sentia vulnerável. Imaginava como seria recebido. Ficava verificando as redes sociais, morrendo de medo do que as pessoas estariam pensando.

Para o inferno com isso! Hoje eu apresento minha arte ao mundo cheia de alegria e emoção. Condicionei minha mente para saber que sou uma escritora prolífica que tem algo a oferecer. E que esse valor vem de uma fonte ilimitada de criatividade. Eu posso continuar criando sem parar. Fico repetindo isso para mim mesma. E funciona!

Não me preocupo mais com as reações dos outros. Alguns vão gostar do meu trabalho, outros não. Quem gosta faz parte do meu público. Aqueles que não gostam não fazem parte. Simples assim. Hoje eu me divirto tanto com a escrita e a criação de conteúdo que fico empolgada para seguir em frente.

Assim que você muda sua programação mental para ser autoconfiante, você deixa de pensar no assunto de forma consciente. Essa programação se torna seu "novo normal", sua nova forma de ser. Sua mentalidade padrão passa a ser a flexibilidade e a confiança – como uma palmeira em uma tempestade tropical, que permanece enraizada, curvando-se sem esforço ao vento até que a tempestade vá embora. Sua nova versão permite que você lide com qualquer situação e resista ao medo. É maravilhoso. Transforma o jogo por completo.

Benefício nº 9: Força mental

O Café com Autoestima também deixa você preparada para enfrentar qualquer adversidade. Quando aumenta sua confiança e experimenta os sentimentos que a acompanham, você minimiza os efeitos adversos de eventos futuros. A confiança gera sucesso, e o sucesso gera confiança, em um círculo virtuoso. A técnica de conversa interior positiva dá início a esse processo. Ele começa imediatamente a construir sua armadura à prova de balas. Persevere por algum tempo e você se tornará tão forte que ficará à prova de *bombas*.

Tudo isso fazendo declarações simples para si mesma. Palavras. Suas palavras.

Neste livro, você aprenderá a praticar o Café com Autoestima e aproveitar todos esses benefícios. Vou lhe dar ideias de como conduzir seu discurso interno, com exemplos de frases que eu uso pessoalmente para tornar meu ritual diário mais do que uma mera repetição de palavras. Acredite, se você dedicar um tempo a desfrutar de uma xícara de café enquanto faz suas afirmações positivas, a mudança em sua vida será incrível.

> Muito pouco é necessário para uma vida feliz.
> Está tudo dentro de você, na sua maneira de pensar.
>
> — MARCO AURÉLIO

Capítulo 4

A CIÊNCIA POR TRÁS DAS AFIRMAÇÕES POSITIVAS

A mente e o corpo são uma coisa só.
Todos nós temos muito mais controle sobre nossa
saúde e nosso bem-estar do que imaginamos.

— ELLEN LANGER, psicóloga de Harvard,
"a mãe do mindfulness"

A conversa interior realmente muda a estrutura física do cérebro. O cérebro humano é dotado de neuroplasticidade, o que significa que ele pode mudar de maneira drástica, não importa a idade que a pessoa tenha. É assim que aprendemos novas habilidades, como tocar piano, atirar com arco e flecha, falar um novo idioma ou, no meu caso, escrever ficção.

Isso significa que nossos padrões de pensamento também podem mudar, alterando a forma como vemos o mundo ou reagimos aos acontecimentos. Os neurocientistas confirmaram que nosso cérebro permanece flexível ao longo da vida e que nunca deixamos de construir novos caminhos neurais. Quando você aprende coisas novas, as células do seu cérebro (os neurônios) entram em ação. Você é o diretor, elas são os atores. Você é o general, elas são soldados sob seu comando, prontos a fazer o que você mandar.

Isso é importante porque é assim que o Café com Autoestima vai ajudar você a desempacar, a assumir a trajetória correta para uma vida mais realizada e a atrair os desejos de seu coração. Porque você – *você!* – determina o que se enraíza (ou não se enraíza) na sua cabeça, com base no que está pensando ou sentindo a cada momento.

Disparar e ligar – a mentalidade embutida

Quando você faz ou sente algo repetidamente, isso se torna parte de seu estado mental. Suas células cerebrais "disparam e ligam" a partir de seus pensamentos. Ou seja, elas são ativadas por certo padrão de pensamento, e toda vez que disparam juntas na repetição desse padrão os neurônios começam a se conectar ou "a ligar os fios".

Quanto mais isso acontece – ou quanto mais emoção acompanha essa ligação –, mais forte é a conexão. Se você fizer repetições em número suficiente, o padrão ficará profundamente arraigado, como se os fios conectados fossem mais grossos e mais fortes. Isso altera a estrutura do seu cérebro. E faz de você *quem você é.* É a sua personalidade.

Se prestar atenção nesse processo, terá controle sobre ele. Você pode praticar a qualquer momento. Novos padrões de pensamento, crenças, comportamentos e hábitos experimentados repetidamente desencadeiam ligações para você criar uma nova vida. O controle é seu. Tudo vem de seus pensamentos, comportamentos e sentimentos. Um modo de pensar diferente cria uma vida diferente!

Quanto mais seus neurônios disparam juntos num determinado padrão, mais forte é a conexão entre eles. Quanto mais fortes os "fios", mais pronunciados e mais difíceis de desmontar eles são, o que significa que se tornam resistentes e permanentes. Isso é bom quando conectamos coisas boas. E é ruim quando conectamos coisas ruins, como hábitos prejudiciais ou crenças negativas a respeito de nós mesmas ou do mundo. Mas assim que reconhecer essas conexões, você poderá mudá-las.

Por que esse poder tem importância vital

A capacidade de religar seu cérebro é importante porque é assim que você se torna uma pessoa nova. É assim que você cria a vida dos seus sonhos e experimenta a felicidade e a alegria como seu modo padrão. Em outras palavras, você não espera mais que algo externo aconteça para se sentir bem, porque você tem a receita e os ingredientes para promover a mudança dentro de si o tempo todo. Esse é o nosso superpoder, e ele está disponível para todas nós!

O habito do Café com Autoestima me ajudou a reprogramar meu cérebro para o sucesso e pode fazer o mesmo por você. Em vez de acordar cansada, desanimada ou sem foco, agora eu pulo da cama com uma energia que me projeta para um novo dia, cheia de empolgação! Quando olho para as manhãs do meu passado, vejo como eram completamente diferentes da minha experiência atual. Mesmo durante a pandemia de Covid-19, meus dias foram recheados de alegria e propósito. Embora a circunstâncias tenham sido difíceis, não abalaram a felicidade que vinha de uma reserva profunda dentro de mim.

Não posso deixar de frisar: com a disposição, as palavras e os pensamentos certos, você também será capaz de construir essa fonte de alegria, não importa o que esteja acontecendo ao seu redor.

"Tesouras de poda" – uma ferramenta que seu cérebro usa para ajudá-la

O legal desse processo é que, à medida que você dispara e conecta seus novos padrões de pensamento, com o tempo a fiação antiga desaparece por falta de uso. As conexões em seu cérebro literalmente atrofiam, assim como acontece com os músculos. Como diz o ditado, "use-o ou perca-o".

Em outras palavras, quanto mais coisas boas você diz e pensa, mais seu cérebro muda para apoiá-lo, enquanto se livra das conexões antigas e não utilizadas. Os neurocientistas chamam isso de "poda", o que é uma metáfora maravilhosa... Imagine só todo aquele lixo prejudicial sendo aparado como galhos secos ou fracos de uma árvore, para fornecer mais nutrientes e redistribuir energia para os ramos saudáveis. *Corta, corta, corta.*

Isso é de grande ajuda ao reprogramar seu subconsciente porque assim que sua nova fiação estiver fortalecida pela repetição, será muito difícil (ou impossível) os velhos padrões negativos voltarem. Com o tempo, desde que mantenha o diálogo interno positivo, não há risco de retroceder ao seu antigo eu. Essa linda borboleta que você se tornou passou por uma metamorfose de mão única. Não há como voltar a ser lagarta. Mesmo que os gatilhos apareçam do nada, eles não terão mais poder sobre você. O velho lixo limitante – crenças, ideias, pensamentos, etc. – acaba sendo silenciado e deixa de incomodar. Não é um alívio?

À medida que isso acontece, seu cérebro começa a desmontar aquela velha fiação defeituosa, a fim de reutilizar esses blocos de construção para os circuitos ativos, novos e incríveis que você está criando. O novo você! Então, quando aprende coisas novas, você está mudando a pessoa que você é porque seu cérebro está constantemente desmantelando o antigo e criando o novo, em tempo real. Você obtém o que você repete.

Você não é "o que você come". Você é o que você pensa!

Imagine só... ter um cérebro completamente diferente desse que você tem agora

A neurociência mostra que seu cérebro pode mudar física e quimicamente a cada novo pensamento, com as emoções que sente e as experiências que tem. Grandes transformações podem ocorrer em apenas algumas semanas.

Aqui está um exemplo. Quando tenho pensamentos fortes e sinto emoções elevadas (como amor, admiração, gratidão, etc.), estou disparando e conectando coisas boas. Fazer isso pode ser tão simples quanto pensar em meu marido e minha filha e sentir amor por eles. Ou pensar na comida que vou ingerir e sentir gratidão. Ou olhar para as montanhas ou para o oceano e me maravilhar. Ou ficar aconchegada com meu cachorro e sentir paz. Ou desfrutar meu próprio poder, sabendo que sou capaz do que eu quiser. Ou pensar com animação sobre o futuro que estou projetando e sentir que não há limites para o que posso conquistar.

Todos esses momentos de emoções elevadas estão explodindo em meu cérebro e preparando-o para o sucesso, o amor e a realização. Chamo isso de "conexão 2.0" porque é como uma "atualização" do meu sistema cerebral! Quando esse novo sistema entra em ação, não estou mais executando meu antigo circuito baseado no medo (criado na minha infância). Com o tempo, ele começa a ser apagado. Que legal!

Mas não se trata apenas do cérebro

Até agora, tenho enfatizado como o diálogo positivo reconecta seu cérebro. Mas vai além disso, porque seu cérebro controla muito do que acontece em seu corpo. Na verdade, ele pode literalmente *modificar* seu corpo – o que quer dizer que a conversa que você tem consigo mesma é capaz de provocar mudanças físicas!

Diversas pesquisas mostram isso. Nossa mente tem um poder impressionante. Foram realizados estudos em que as pessoas se *imaginavam* flexionando um músculo e alcançavam *ganhos reais de força física* – sem levantar um dedo. É algo muito doido! Quem precisa de uma academia quando pode simplesmente acessar a matriz de sua mente e ficar forte? Haha!

Falando sério, os participantes desse estudo estavam ativando caminhos neurais relacionados ao movimento, de tal modo que seu cérebro pensava que eles estavam se movendo quando, na verdade, não estavam. Com a ajuda de um aparelho de ressonância magnética foi possível visualizar o que acontecia dentro do cérebro deles. A imagem mostrava a mesma atividade independentemente de os músculos estarem trabalhando com pesos reais ou não.

Aqui está um exemplo incrível do poder da mente. No livro *Você é o placebo – O poder de curar a si mesmo*, o Dr. Joe Dispenza compartilha um exemplo de como a mente pode alterar a reação do corpo a uma substância alérgica. No Japão, fizeram um estudo com 13 meninos hipersensíveis a uma planta com efeitos semelhantes aos da hera venenosa. Os pesquisadores encostaram folhas de uma árvore *inofensiva* no braço dos alunos, dizendo que eram da planta tóxica. Como resultado, todos os 13 braços tocados com as folhas inofensivas apresentaram reações na pele, apesar de as folhas *não serem* venenosas. *Mas os meninos acreditavam que eram!*

Em seguida, os pesquisadores encostaram *folhas venenosas* no braço oposto dos meninos, dizendo que eram inofensivas. Desta vez, apenas dois dos 13 meninos manifestaram uma reação alérgica. Os outros 11 não tiveram reação alguma porque acreditavam que as folhas eram inofensivas.

Não é fenomenal? Esse é o tipo de poder que temos em nossa mente.

Multiplicar para ampliar

Seus pensamentos - bons ou ruins - ganham impulso e força quando são repetidos. Como a repetição é igualmente eficaz para ampliar pensamentos bons e ruins, certifique-se de escolher o que é BOM!

Cada vez que repetimos boas palavras, seu valor emocional se torna maior, criando sentimentos mais poderosos por trás delas. Quando isso acontece de forma consistente, nosso cérebro e nosso corpo entram em ação para criar uma nova realidade.

Os pensamentos funcionam como juros compostos: os resultados se multiplicam à medida que são repetidos. Portanto, seja esperta e escolha com sabedoria cada pensamento que circula em sua cabeça (e cada sentimento que circula em seu corpo), porque cada um deles é importante. (Na verdade, as palavras que você usa para falar consigo mesma literalmente se *materializam*.)

Você é uma pessoa que se queixa e reclama de tudo? Isso não a ajuda a ter uma vida melhor. De maneira nenhuma. Você acorda sentindo que está sufocada sob uma montanha de tarefas, dívidas ou problemas? Então é hora não apenas de mudar sua perspectiva (ensinarei alguns truques para isso adiante) mas também de calar esses pensamentos, sem dar a eles a chance de reaparecer.

Esses pensamentos são afirmações negativas, e cada vez que você pensa ou expressa um deles, conexões nocivas em seu cérebro se fortalecem. Esses pensamentos são chamados de afirmações porque é isso que eles fazem - eles *afirmam* algo como se fosse verdade. Por isso devemos eliminar a conversa negativa usando o Café com Autoestima e as técnicas de perspectiva alternativa (TPA), que serão detalhadas no Capítulo 10. Você verá que ocorrem mudanças reais como resultado.

O otimismo constante é uma força multiplicadora.

— COLIN POWELL

Nossas crenças podem nos curar física e mentalmente. Mas também podem nos prejudicar. Se você costuma dizer coisas como "Eu sempre adoeço quando chega a temporada de gripe", adivinha o que acontece? Você cria um ambiente propício para tornar essa afirmação verdadeira tanto quanto possível. (Este é um tema bem quente na ciência atualmente. Existe um campo inteiro de estudos, chamado psiconeuroimunologia, que investiga os caminhos químicos que o cérebro emprega para modificar o sistema imunológico, nos tornando mais ou menos resistentes a doenças. Isso não é magia... são neurotransmissores, hormônios e epigenética.)

Nossas palavras são extremamente poderosas. A neuroplasticidade torna tudo isso possível porque nosso cérebro tem a capacidade de mudar. Nossa mente – e, portanto, nossa personalidade e nossa realidade – não é estática.

Mas o que é realmente incrível é a rapidez com que a mudança pode acontecer. Seu cérebro pode mudar em um segundo, com um único pensamento, e assim, de um instante para outro, você pode mudar a direção da sua vida. O método Café com Autoestima, feito com regularidade, cria um estado mental saudável que é automático, sem esforço e natural.

Tenho certeza de que você já ouviu frases como "As pessoas não mudam", ou "Não dá para ensinar novo truque para cachorro velho". Pois bem: por um lado, elas não estão totalmente erradas, porque a maioria das pessoas *não sabe* que pode mudar e então nem chega a tentar. Mas por outro, se pensarmos bem, essas afirmações são completamente falsas. As pessoas podem mudar e elas MUDAM. Você pode aprender novos truques com qualquer idade. O próprio Dr. Helmstetter segurou um arco pela primeira vez quando estava na casa dos 70 anos. Hoje em dia ele é um arqueiro habilidoso. Isso é que é neuroplasticidade!

Assim, sob as condições certas, qualquer um consegue mudar. E o melhor de tudo é que é possível começar *imediatamente.*

A mente é tudo. Você se torna o que você pensa.

— BUDA

Capítulo 5

VAMOS COMEÇAR

Neste exato momento, você tem em suas mãos um enorme poder, não importa onde esteja nem quais sejam as circunstâncias. Sinta as páginas da sua vida se virando agora. É a sua hora. Você tem o potencial e a autoridade para modificar suas crenças sobre si mesma. Você tem o direito de fazer uma escolha melhor a cada momento. Todas as suas escolhas têm relação com o que você pensa sobre si e sobre o mundo. Reprograme seu cérebro para o melhor e você irá colher os resultados. A hora é agora.

Neste capítulo, vou explicar as regras básicas para você escrever sua própria rotina de Café com Autoestima. Se preferir não escrever ou se quiser usar exemplos já prontos para começar imediatamente, existem muitos roteiros para você na Parte II deste livro.

AS REGRAS

Regra nº 1: Escreva na primeira pessoa

Ao preparar suas afirmações, sempre escreva, fale e pense na primeira pessoa. Por exemplo:

Sinto-me grata pelo meu sucesso e estou ansiosa para compartilhá-lo com outras pessoas.

É necessário empregar a primeira pessoa para transformar você tanto no emissor quanto no receptor das mensagens que transformarão seu cérebro. É o modo mais fácil de entrar na sua cabeça e de sentir mais depressa. Você está contando a sua história nas suas palavras, na sua voz. "Eu" deve ser o sujeito das suas afirmações.

Regra nº 2: Escreva no presente

O segundo truque para criar afirmações poderosas é escrevê-las no presente. Isso lhe dá a sensação de que o que você deseja já aconteceu ou está ocorrendo neste momento - não amanhã, nem no próximo mês, nem no próximo ano. Use o tempo presente mesmo se aquilo que você quer ainda não tenha acontecido. Lembre-se, você está fazendo isso para reprogramar seu cérebro, para que ele comece a agir como se aquilo que você deseja já tivesse se tornado realidade. Você não quer dar ao seu cérebro nenhuma desculpa para deixar as coisas para "mais tarde".

Então escreva e pronuncie suas afirmações como se não houvesse nenhum intervalo de tempo entre as palavras e a consumação do fato. Não existe distância entre você e suas realizações.

As afirmações que você escreve para sua rotina matinal vão desde as coisas que você se vê fazendo até a maneira de fazer com que elas aconteçam, além de seus sentimentos diante de tudo isso. Você está atraindo seus desejos ao afirmá-los de forma positiva.

Prepare sua varinha mágica

Uma ótima maneira de ter ideias para escrever seu próprio roteiro de Café com Autoestima é comparar sua vida atual com a vida que você deseja ter. Se você pudesse sacudir uma varinha mágica e fazer mudanças em si mesma ou em sua realidade, o que faria?

Quer um emprego melhor? Gostaria de encontrar um amor? Deseja ser mais confiante? Quer se curar de uma doença ou de uma lesão? Quer encontrar motivação para malhar? Quer começar um bom hábito, como a meditação? Quer abandonar um mau hábito, como o consumo excessivo de álcool? Gostaria de ser mais engraçada? Mais rica? Mais feliz? Mais criativa?

Pense no que você quer, em quem quer se tornar, como quer viver e como quer se sentir.

Faça a si mesma as seguintes perguntas:

- Quais são as coisas que aumentam minha energia?
- Como posso ter mais dessas coisas na minha vida?
- Quais são as três coisas ou pessoas que mais me trazem alegria?
- Qual é o meu passatempo favorito?
- Qual é o meu lugar preferido para passar férias?
- O que eu quero ter em mais quantidade?
- O que eu quero ter em menos quantidade?
- O que eu quero ter que não tenho agora?
- Como vou me sentir quando tiver as coisas que desejo?

Anote tudo, qualquer coisa que lhe vier à mente. Em seguida, transforme essas anotações em frases e declarações afirmativas usando palavras como "Eu amo ____________", "Eu sou ____________" e "Sinto ____________", etc. (Veja exemplos de roteiro na Parte II.)

O processo diário do Café com Autoestima

Depois de escrever suas afirmações (ou de selecionar um dos roteiros fornecidos), você as lerá para si mesma (de preferência, em voz alta) todas as manhãs enquanto toma sua xícara de café.

Repito: sei que pode parecer meio esquisito conversar sozinha, mas não se preocupe. Eu garanto que se tornará fácil e divertido. Você logo se acostumará ao som da sua voz falando sobre si mesma. Na verdade, isso se tornará tão natural que em breve você não irá tolerar nenhum pensamento ruim ou palavra negativa a seu respeito. Vai parecer errado, como uma lixa esfregando cetim.

Quanto mais praticar, mais fácil ficará. E você vai passar a esperar pelo momento da prática com tanto entusiasmo quanto espera pelo primeiro café do dia. E, à medida que alimentar seu cérebro com nutrientes turbinados, você poderá sentir uma espécie de formigamento, uma animação deliciosa. Se tiver algum momento de dúvida ou notar a presença de sentimentos estranhos, simplesmente observe o que se passa em sua mente e diga: "Obrigado pela sua visita, pensamento." E vá em frente, porque é assim que você ganha!

Mãos à obra

Aqui estão dois exemplos para um roteiro sem um objetivo específico. Neste primeiro exemplo, vou começar com palavras delicadas e eficazes. Você pode reproduzir as frases a seguir num diário, no computador ou no aplicativo de notas do celular.

Mais tarde deixaremos esse roteiro mais complexo, com palavras mais intensas e impactantes, mas neste momento quero lhe dar apenas algumas ideias simples para começar.

Pegue sua xícara de café e sente-se para ler a lista do início ao fim. Faça uma pausa de alguns segundos após cada frase, deixando o sentimento que ela evoca penetrar em você.

Eu sou uma boa pessoa.

Eu gosto do dia de hoje.

Eu me sinto animada porque estou cuidando de mim. Eu amo a minha vida.

Eu amo a minha vida porque ela tem rumo e sentido.

Terei um bom dia hoje porque estou pronta.

Minha renda está aumentando, e só o bem está diante de mim.

Eu sou grata por tudo que existe hoje na minha vida. Meu café, minha cadeira, minha casa, minha rotina.

Eu gosto de me sentir bem.

Eu me amo porque sou uma boa pessoa.

Eu adoro o poder que tenho de me sentir bem com palavras simples.

Conquisto meus sonhos porque não desisto.

Eu escolho me sentir bem porque mereço.

O poder está nas minhas mãos.

Tudo está maravilhoso hoje.

Eu sempre tenho uma escolha.

Eu sou saudável e próspera.

Hoje tenho tempo para fazer o que eu quiser.

Eu me sinto ótima.

Eu tenho uma atitude incrível.

Hoje é um grande dia.

Eu me amo do jeito que sou hoje.

Estou entrando em contato com bons sentimentos porque essa é a chave para o sucesso.

Isso é divertido e estou pronta para o meu dia.

A vida é cheia de oportunidades porque estou aberta a elas.

Estou saudável e cheia de energia.

Eu me sinto muito bem neste momento porque amo minha vida.

Você está achando que tudo isso é uma bobagem?

Vou ser honesta: a primeira vez que fiz isso me senti uma idiota... mas foi apenas por um minuto. Então pensei em todas as pessoas bem-sucedidas que usam as afirmações positivas para alcançar seus objetivos. Ao perceber que essa é uma das maneiras de se transformar e de elevar a vida a novos patamares, entrei de cabeça.

Foi interessante ver como meus roteiros de Café com Autoestima evoluíram ao longo do tempo. No início, eles eram muito parecidos com o roteiro que você acabou de ler. Agora minhas palavras são tão empolgantes que me sinto quase levitando de energia quando faço a leitura! Eu realmente me entrego.

Agora é sua vez

A primeira vez que você se sentar para ler as afirmações do seu Café com Autoestima pode levar apenas um minuto para terminar. Se isso acontecer e ainda restar café na xícara, simplesmente leia de novo. E de novo. E de novo. Continue até o café acabar. Em seguida, passe o resto do dia sentindo-se mais animada, mais confiante e com um foco positivo.

À medida que você se aprofundar na prática, provavelmente verá seu roteiro ficar mais longo. No início, muita gente começa com o básico e com generalizações simples. Com o tempo, as afirmações ficam mais esmiuçadas, com detalhes específicos que são relevantes para você, para sua situação e seus objetivos. É divertido, inspirador e tão viciante quanto a cafeína que você está bebendo enquanto faz isso!

Novas ideias começarão a desabrochar em sua mente. Quanto mais você pensar sobre a vida fantástica que está levando, mais imagens de uma vida incrível aparecerão. Você se pegará tendo ideias em momentos aleatórios do dia e querendo incluí-las em suas anotações para adicionar ao seu roteiro mais tarde. Não deixe de fazer isso sempre que surgir a inspiração!

Os detalhes são importantes, pois criam uma imagem mais vívida em sua cabeça. Por exemplo, você pode adicionar uma frase sobre a abundância que está presente em sua vida e de que maneira ela mudou sua perspectiva ou as decisões que você toma. Você pode adicionar versos da letra de sua música favorita que a ajudam a manter o foco na sua nova identidade.

Vai chegar o dia em que seu momento Café com Autoestima vai levar 5, 10 ou talvez 15 minutos. Ele evolui, como é esperado. Hoje meu roteiro é tão longo que levo uns bons 20 minutos para concluí-lo, dependendo do meu astral cinematográfico (falaremos mais tarde sobre teatralidade). Não me importo com a duração. Eu adoro cada minuto; me dá uma onda boa.

Há dias em que o café termina e eu só cheguei à metade das afirmações, então concluo mais tarde. Em outras ocasiões, eu me sento com o roteiro completo e absorvo tudo, fazendo uma extravagância e tomando *duas* xícaras de café. A questão é a seguinte: independentemente de qualquer coisa, eu me sento e faço minhas afirmações positivas. Todo. Santo. Dia.

Adiante, você descobrirá formas de aprimorar a prática e

alcançar novos patamares. Por enquanto, o primeiro passo é escrever 15 declarações simples e poderosas.

Subindo de nível: um roteiro avançado

O roteiro básico que apresentei há pouco é uma ótima maneira de começar. Pegue-o como está e use as minhas palavras ou faça qualquer alteração que repercuta dentro de você. Costumo usar muito as palavras "fantástico" e "impressionante". Meu sogro emprega a palavra "incrível" com frequência. Escolha algo que funcione para você. Se quiser, pode tornar seu roteiro mais longo ou mais curto... do tamanho que desejar. Pode até escolher uma única afirmação poderosa e repeti-la muitas e muitas vezes. Um mantra concentrado, curto mas forte... como um *Expresso com autoestima*!

Depois de começar, você ficará tão empolgada com as possibilidades que começará a pensar em novas maneiras de falar sobre si mesma de forma amorosa e positiva. E então vai passar a usar essa linguagem naturalmente. Liberte suas palavras, seus pensamentos e sonhos mais empolgantes. Esqueça a timidez, esta é a hora de você brilhar!

Aqui está uma versão turbinada, cheia de palavras de poder:

Sou uma pessoa incrível porque sou gentil, bonita e generosa.

Eu amo o dia de hoje porque estou no comando. Eu faço o que eu quero! Eu sou poderosa.

Sinto-me animada neste exato momento porque estou cuidando de mim. Eu mereço este tempo para me preparar para o meu dia e torná-lo o melhor dia de todos.

Eu amo a vida. Eu amo a minha vida. Eu me amo! A vida está cheia de oportunidades por todos os lados. Eu vou atrás delas!

Estou tendo um dia incrível! Sorrio com alegria e estou animada com tudo que está acontecendo hoje, a cada hora.

Eu deixo de lado todo o medo neste exato momento. Estou assumindo a responsabilidade pelo meu sucesso, agora e pelo resto da vida.

Eu sou grata por tudo que existe na minha vida neste momento. Meu café, minha cadeira, minha cama, minha família, meus amigos, minha vida inteira.

Eu amo me sentir tão fantástica!

Ontem é o passado, e eu não me apego a ele. Eu aprendo com suas lições e sigo em frente.

Estou pronta para me amar hoje – aqui e agora. Isso cria um grande momento para mim e configura meu futuro para obter mais sucesso.

Ao meu redor estão se abrindo portas com oportunidades sensacionais. Eu me sinto empolgadíssima.

Eu amo o poder que tenho de me sentir tão bem simplesmente com as palavras que falo. Eu sou impressionante!

Eu posso realizar o que quero porque sou capaz, criativa e digna. Eu escolho e honro quem eu sou.

Minha vida fica mais fantástica a cada dia. A vida me apoia em todos os sentidos.

Eu aceito quem sou. Deixo de lado pensamentos negativos e crenças limitantes.

Tudo está maravilhoso hoje. Sou grata por minha vida brilhante, meu aprendizado e meu crescimento.

Tenho tempo de sobra para tudo o que quero fazer hoje.

Sinto-me ótima porque estou inteira, saudável, bonita e cheia de energia.

Hoje é um dia incrível e eu estou repleta de sentimentos poderosos neste momento.

Eu amo ser tão divertida. Eu sou uma pessoa leve e animada.

Há amor e luz ao meu redor. Sou compassiva, gentil e amorosa comigo mesma e com os outros.

Não há nada que eu não possa fazer. Tenho um coração feliz e uma mente criativa. Meus pensamentos são positivos e meus sentimentos são elevados. Isso cria a versão mais fantástica da minha vida.

Sou muito inteligente e adoro aprender.

Não há ninguém no mundo como eu.

Eu sou incrivelmente sexy!

Estou vivendo uma vida completamente nova, criada por meu próprio desígnio.

Estou cheia de otimismo e apaixonada pelo meu destino.

Dica de mestre nº 1: Use a palavra "porque" para obter mais sucesso

Exemplo: *"Não tenho problema em ir à academia todos os dias programados porque sei como o exercício me faz bem."*

Estudos científicos afirmam que usar a palavra "porque" é uma maneira inteligente de reforçar suas afirmações. Quando você usa (ou ouve) a palavra "porque", é mais provável que cumpra o que está sendo dito ou solicitado. As palavras que vêm depois de "porque" fornecem a razão para fazer alguma coisa. Elas justificam a motivação para a ação, pois indicam uma relação de causa e efeito.

Como resultado, seu cérebro presta atenção quando ouve a palavra "porque" e dá mais importância ao que está ouvindo. Quando você associa resultados e significado à sua conversa interna, fica mais convencida de que isso a ajudará a atingir seus objetivos. Então prepare-se para o sucesso e salpique todo o seu roteiro com a palavra "porque", *porque* isso realmente a ajudará.

Dica de mestre nº 2: Encontre a alegria nos detalhes

Seja criativa e brinque com as palavras que você está usando. Elas podem, e devem, mudar com o tempo porque sua prática evolui. Quando escrevo minhas afirmações, primeiro coloco no papel o que me vem à mente. Então edito, aperfeiçoando cada declaração até que ela me desperte alegria. Como Marie Kondo, autora de *A mágica da arrumação,* diz sobre as posses: "Esse objeto (cômoda, blusa, vaso, etc.) me traz alegria?" Se não traz, livre-se dele. No caso da escrita de suas afirmações, edite-as até que tudo o que resta desperte a alegria dentro de você.

Por exemplo, eu queria uma frase sobre o contrário de envelhecimento. Brinquei com expressões como "antienvelhecimento", "envelhecimento reverso", etc., mas logo percebi que não queria usar a palavra "envelhecimento" de forma alguma. Para mim, ela não é inspiradora, mesmo com o prefixo "anti". Continuei escrevendo de maneiras diferentes, para ver como as frases repercutiam dentro de mim. A evolução foi assim: "Estou revertendo o envelhecimento", "Sou antienvelhecimento", "Meus genes antienvelhecimento estão se expressando agora", "Eu pareço e me sinto jovem". Humm... cheguei perto. Até que escrevi "Sou jovem e bonita". Agora, sim! Isso provocou alegria no meu coração. Encontrei uma frase que despertou em mim um sentimento especial. Parecia *certa.*

Mas depois fui me aprofundando. Comecei a anotar detalhes mais específicos. Quanto mais detalhes eu desse ao meu cérebro, maiores as chances de ele seguir minhas instruções. Nosso cérebro adora palavras que evocam imagens mentais. Portanto, se pudermos apresentar imagens à mente, fica mais fácil para o cérebro e o corpo fazerem acontecer. Também escrevi: "Meu corpo produz muito colágeno e minha pele é perfeita, lisa e viçosa."

Acabei gostando e mantendo as duas frases. Ficou assim:

Sou jovem e bonita. Meu corpo produz muito colágeno e minha pele é perfeita, lisa e viçosa.

A noção de antienvelhecimento era algo que eu queria incluir na minha rotina de Café com Autoestima, mas não estava conseguindo chegar a uma formulação que me agradasse. No fim, criei uma declaração poderosa ao reescrevê-la até que ela repercutisse dentro de mim. Nosso cérebro gosta de clareza, então, à medida que sua conversa interior evolui, não tenha vergonha de usar palavras potentes e detalhes para criar imagens que representem exatamente o que você quer.

Aqui está outro exemplo. Comecei com:

Minha vida é repleta de abundância.

Isso é bom, simples e positivo. Mas um tanto vago. Por isso resolvi ir mais fundo. Comecei a imaginar precisamente o que "abundância" significava para mim. A partir dessa única frase, meu roteiro de abundância acabou deste jeito:

Minha vida tem uma abundância de tempo para que eu faça tudo o que quero. Tenho saúde abundante e vigorosa. Estou cheia de vitalidade e energia, e pulo da cama, animada, todas as manhãs. Tenho uma abundância de riqueza e estou cercada de oportunidades de ganhar muito dinheiro.

Como você pode ver, eu desenvolvi a ideia de abundância e fui acrescentando mais detalhes, embora ainda mantenha um roteiro simples e direto. Não há necessidade de encher as frases de floreios, a menos que elas repercutam assim dentro de você! Eu gosto de começar com declarações fáceis e simples, depois vou acrescentando palavras específicas e descritivas.

O engraçado é que assim que você começa a escrever ou a pensar em suas declarações, pode se surpreender com tantas coisas boas para dizer, melhorar ou mudar. É como se comportas se abrissem enquanto você imagina todo tipo de coisas inspiradoras e impressionantes para dizer, pensar e sentir.

O importante é imaginar a vida incrível que você deseja ter e, em seguida, escrever afirmações que reflitam esses pensamentos no tempo presente, como se isso já estivesse acontecendo. Se as comportas da imaginação se abrirem, capture por escrito o máximo de ideias que puder, sem se preocupar com a forma. Sempre será possível retomar o texto para aperfeiçoá-lo ou torná-lo mais conciso.

Continue fazendo acréscimos a seu roteiro sempre que a inspiração bater. Se houver uma afirmação em particular que ressoe com mais força, repita-a várias vezes, como se fosse um mantra. Ela surgirá em sua cabeça em momentos aleatórios do dia, sacudindo você como uma pequena corrente elétrica de felicidade e confiança.

Às vezes, quando estou ouvindo música, escuto um verso da letra que daria uma ótima afirmação para o meu Café com Autoestima, então eu o adiciono ao meu roteiro!

Seja qual for sua fonte de inspiração, seja criativa e divirta-se encontrando todas as formas de dizer coisas amorosas e inspiradoras a si mesma.

A maior descoberta de todos os tempos é saber
que um ser humano pode mudar sua
vida ao mudar sua atitude.

— WILLIAM JAMES

Capítulo 6

COMO CRIAR SUAS AFIRMAÇÕES

No capítulo anterior, você aprendeu a escrever sua versão do roteiro de Café com Autoestima. É a primeira etapa do processo. Agora está na hora de aprender, na prática, a elaborar suas afirmações de maneira eficaz.

A CHAVE do sucesso: combinar sentimentos e pensamentos

Uma das maneiras mais eficazes de tornar sua conversa interior bem-sucedida é elevar os sentimentos que acompanham as palavras que você diz. Isso é fundamental, portanto vamos mergulhar nesse conceito.

As palavras que você diz (ou pensa) ao falar consigo mesma *têm poder proporcional ao nível de emoção que você sent*e quando as diz ou pensa.

Deixe-me explicar de outra maneira: as palavras que você diz são tão importantes quanto a forma como você se sente, e como você se sente é tão importante quanto as palavras que você diz. Se as palavras são o pão, os sentimentos são a manteiga. Se as palavras são o arroz, os sentimentos são o feijão. É preciso haver dois parceiros para se dançar um tango. É um casamento. Precisamos dos dois!

Para os matemáticos que estão por aí...

Palavras Positivas (seus pensamentos) +
Emoções Elevadas (seus sentimentos) = Experiência Épica

O que isso realmente significa?

Imagine o seguinte: você pode dizer a si mesma "Eu sou ótima", mas se não *sentir isso* com uma emoção elevada, como amor, alegria ou gratidão, então não é uma afirmação tão significativa ou poderosa. As diferentes partes do seu cérebro não funcionam com coerência e ele não atrai suas manifestações com potência ou velocidade.

Uma declaração realizada com emoção baixa ou neutra garante uma nota 8. Tudo bem, é melhor que nada, mas não chega nem perto daquele 10 que acontece quando se tem a emoção correspondente. Os resultados aparecem bem mais depressa quando você alinha suas emoções às palavras que está dizendo.

Nota: Para algumas pessoas, no início será impossível conectar as palavras às emoções. Se for esse o caso, não há problema, basta começar com as palavras! Repita suas afirmações várias vezes, mesmo que o sentimento não corresponda às palavras, mesmo que você não esteja sentindo nada. Porque, com o tempo, você vai sentir. Eu garanto.

Quando pratica o Café com Autoestima com uma emoção elevada como o amor, você se sente incrível e cria um tipo especial de energia. Você se sente ilimitada. Você se sente poderosa e confiante. Você sente admiração. Você sente gratidão.

Esses sentimentos são chamados de *energias de alta frequência* e atraem coisas de frequência semelhante – como as coisas maravilhosas que você imagina para sua vida. Quando você diz (ou lê) seu roteiro com sentimentos elevados, seu cérebro se torna mais capaz de simular a vida naquela realidade.

Em outras palavras, você não deve fazer seu Café com Autoestima apenas da boca para fora. É verdade que você pode simplesmente repetir o roteiro muitas e muitas vezes – sem emoção –, começar a ver algumas mudanças e se sentir melhor. Essa é uma consequência natural da conversa interna consciente. Aos poucos, seu cérebro vai fazer novas conexões. Mas se você parar por um momento diante de cada afirmação e *sentir* com o coração o que está dizendo – como quem realmente acredita nas palavras –, aí as conexões neurais vão ganhar a força do Incrível Hulk e seu sucesso acontecerá com muito mais rapidez.

Repito: *não importa se a afirmação ainda não é verdadeira*. O cérebro não sabe a diferença. Entretanto, ele continua se reconectando e constrói fios mais grossos e mais fortes quando a emoção vem junto. As emoções são a maneira de o cérebro entender que "isso é importante; eu deveria prestar atenção!". As memórias funcionam da mesma forma. Quanto mais forte é a emoção associada à lembrança, mais forte é a memória.

Vamos fazer uma experiência. Primeiro, leia a seguinte frase como um robô, sem emoção:

O dia de hoje está sendo incrível.

Agora, feche os olhos e imagine como seria realmente ter o dia mais incrível da sua vida. Realmente sinta isso, dos pés à cabeça. Se necessário, reserve alguns minutos para entrar nesse estado de espírito. E então, enquanto ainda estiver imaginando esse nível de grandiosidade, diga com 100% de emoção:

O dia de hoje está sendo incrível!

Você pode sentir a diferença?

Claro que sim! São as emoções fazendo seu trabalho! *Isso é coerência!* Pense nisto: você disse às suas emoções o que fazer e elas obedeceram ao seu comando! Você está no comando. Você sempre está. Só precisa aprender a usar o poder que já tem sobre essa parte da sua mente.

Agora, desperte algumas emoções igualmente poderosas e diga, em voz alta, com paixão na voz:

Eu levo uma vida incrível e tenho muitas oportunidades. Tudo que eu faço é um sucesso. Eu consigo tudo que desejo.

Isso seria muito legal, não seria?

Vamos explorar um pouco mais. Como é a sensação de deslumbramento para você? Como é sentir-se ilimitada? Inspire-se nesse sentimento! Se você não tem certeza de já ter sentido algo assim, imagine o que seria necessário para se sentir tão maravilhada. Talvez testemunhar o nascimento de um bebê, ou assistir ao pôr do sol do topo de uma montanha? Ver ondas bioluminescentes, ou a aurora boreal? Essas coisas enchem seu coração de assombro e admiração? Se a resposta for positiva, você conhece a sensação. Mantenha-a em mente enquanto trabalha com cada afirmação.

Seu objetivo é sentir uma emoção elevada enquanto realiza o ritual do Café com Autoestima. Há muitas emoções elevadas para escolher:

- Amor
- Assombro
- Inspiração
- Ausência de limites
- Coragem
- Confiança

- Alegria
- Contentamento
- Generosidade
- Abundância
- Gratidão
- Empolgação
- Felicidade

... e a lista não termina.

Quando experimenta qualquer um desses sentimentos, você se sente elevada. Recorra a um deles, pelo menos, enquanto repete suas afirmações. Não é necessário passar por todos. Qualquer uma dessas emoções positivas funciona para estimular seus sentimentos, conectar seu cérebro com fios fortes e fazer com que você se sinta bem.

Outro exemplo:

Estou me curando e estou saudável. Eu me sinto plena!

Como seria a sensação de estar plena e vibrante? Imagine como seria, inspire-se, agarre a sensação! Você se sentiria energizada? Você se sentiria jovial, forte, ágil? Associe esses sentimentos às declarações durante seu Café com Autoestima.

Seus pensamentos somados a seus sentimentos criam a *nova versão de você.*

Aqui está um truque para ajudá-la a aumentar os sentimentos e as emoções por trás das palavras: escolha palavras *eficazes*. Palavras de poder. Certas palavras são deixas ou gatilhos. Quando escolhidas com cuidado, elas transformam o "mais ou menos..." em "uau!" Repito: a emoção que você sente fará com que tudo aconteça mais depressa. *Sinta* e *realize-se.*

Aqui estão algumas palavras que desencadeiam emoções elevadas. Escolha aquelas que falam com você. Em seguida, empregue-as em suas afirmações.

- Harmonia
- Fantástica
- Incrível
- Radiante
- Abençoada
- Realizada
- Abundante
- Brilhante
- Calma
- Capaz
- Colossal
- Confiante
- Clara
- Centrada
- Descolada
- Criativa
- Definitivamente
- Encantada
- Satisfeita
- Fácil
- Em êxtase
- Empoderada
- Primeira
- Foco
- Liberdade
- Engraçada
- Autêntica
- Cintilante
- Feliz
- Útil
- Honrada
- Formidável
- Inspirada
- Instantaneamente
- Alegre
- Risonha
- Leve
- Vívida
- Luminosa
- Natural
- De mente aberta
- Brincalhona
- Radiante
- Reflexiva
- Descontraída
- Sensacional
- Sorridente
- Espirituosa
- Espontânea
- Ensolarada
- Elevada
- Vibrante
- Vigorosa
- Maravilhosa

E aí, vamos entrar em ação? Aumente a energia de suas palavras com sentimentos elevados para turbinar seu Café com Autoestima e realizar seus sonhos mais rapidamente.

Quanto mais experimentar essas emoções e esses sentimentos elevados durante todo o dia, mais oportunidades de saúde, bem--estar, sucesso, amor e riqueza você vai atrair para si mesma. Está na hora de reconhecer a força e o poder que residem aí dentro.

Uma pessoa é o que ela pensa o dia inteiro.

— RALPH WALDO EMERSON

Capítulo 7

MEU ROTEIRO PESSOAL

Antes de prosseguirmos, quero compartilhar com você minha versão pessoal do Café com Autoestima para lhe dar uma ideia do que eu faço.

Como mencionei, levo 20 minutos para percorrer o roteiro completo (de 5 a 10 minutos, se estiver com pressa). É o tempo necessário para dizer as frases em voz alta, absorvê-las com emoções e sentimentos elevados, deixando que cada uma penetre em meu corpo, repercuta dentro de mim e irradie para fora como raios de sol. É um processo lindo. Eu me encho de energia e acendo como uma árvore de Natal. Nada mal para começar o dia, hein?

Neste livro não incluo fotos ou emojis, mas uso muito esses recursos (você vai aprender mais sobre isso no próximo capítulo). Aqui você verá só as palavras que eu uso. Você notará que há muita repetição. Isso é deliberado, pois a repetição é uma maneira poderosa de fazer com que seu cérebro se lembre das coisas, causando mais disparos e renovando as conexões. Às vezes eu digo exatamente a mesma coisa, da mesma maneira. Outras vezes, digo as coisas de maneira diferente.

Vou repetir: A repetição é poderosa. Use-a.

Então, sem mais delongas... bem-vinda ao meu mundinho interior. Puxe uma cadeira e divirta-se.

O meu Café com Autoestima

Aqui vamos nós...

Sou grata por tudo em minha vida, aqui e agora. Sinto amor e apreço. Minha vida está cheia de maravilhas e oportunidades. Sou poderosa. Acordo todos os dias sentindo o poder e a felicidade correndo em minhas veias, me preparando para ter um dia incrível.

Sou digna, sou forte e acredito em minhas habilidades para manifestar meus sonhos.

Sou eternamente grata pela minha vida. Tenho apreço pela minha família, minha cama confortável, meu delicioso café, meus sapatos, minha abundância financeira, meu corpo maravilhoso, meus olhos saudáveis, meus dentes fortes, meu belo eu, meu tudo.

Eu amo o poder que sinto em minha vida... o poder de projetar a vida que quero. O poder de me sentir bem agora, não importa o que aconteça. Tenho a chave para a realização de qualquer coisa que desejar.

O que eu acolho hoje na minha vida?

Acolho a gratidão. Acolho meu eu e sorrio para mim mesma no espelho. Acolho o amor e a saúde, o dinheiro e a abundância. Recebo com gratidão tudo o que projeto porque mereço. Eu tenho o corpo mais saudável de todos os tempos.

Há muitas novas possibilidades para me inspirar e para eu explorar.

Estou no lugar certo, na hora certa, fazendo a coisa certa. Tudo é cintilante, brilhante e maravilhoso em meu mundo.

Eu sou minha própria heroína. Não há ninguém no mundo como eu. Eu me amo. Estou sempre aprendendo e crescendo. Eu amo como eu penso e sinto. Eu amo o poder que tenho de projetar a vida que quero.

Tenho energia e entusiasmo pela vida! Estou muito animada!

Sou uma líder e uma professora nata. Eu penso de modo diferente. Faço escolhas diferentes. Atravessei o rio da mudança. Não há como voltar atrás porque sou uma nova Kristen. Voe alto, linda borboleta, voe alto!

Não alimento pensamentos e sentimentos negativos. Eu imediatamente pinto tudo com energia edificante. A sensação é boa quando faço isso.

Eu sou poderosa e minha vida está cheia de maravilhas.

Estou calma porque sou confiante e segura de mim. Eu mereço todos os desejos do meu coração. Meu corpo está inteiro e saudável, em cada célula, da cabeça aos pés, por dentro e por fora. Eu sou jovem e bonita. Meu corpo produz muito colágeno e minha pele é radiante, jovem e viçosa.

A melhor maneira de prever meu futuro fantástico é criá-lo a partir do desconhecido. Estou com os braços abertos.

Quando estou em um estado de merecimento, entusiasmo, plenitude, gratidão, alegria, amor, admiração, generosidade e empoderamento, sinto que meus desejos já se manifestaram. Isso conecta meus sentimentos atuais aos que sei que estão no futuro, e meu corpo acredita que já aconteceu. Essa conexão me ajuda a manifestar mais rápido tudo o que quero.

O que quer que eu faça, eu obtenho sucesso. Tudo que eu toco é um sucesso. Eu vivo de vitória em vitória e me divirto o tempo todo.

Eu mereço o melhor e aceito o melhor agora. Dinheiro é fácil de conseguir!

O dinheiro me ama! O dinheiro me ama! O dinheiro me ama!

Sou uma excelente administradora do meu dinheiro e adoro aproveitá-lo e compartilhá-lo com os outros.

Sinto-me saudável, forte, plena e vibrante.

Eu sou o Amor. Gratidão. Alegria. Assombro. Entusiasmo. Generosidade.

Eu me sinto empoderada. Sinto Felicidade.

Eu me sinto ilimitada. Eu sou uma Criadora.

Eu ajudo os outros a crescerem. Faço elogios tanto a meus entes queridos quanto a desconhecidos. Eu trago o bem ao mundo. Eu elogio ao menos quatro pessoas todos os dias. Eu começo por mim mesma. Depois, alguém da minha família. Então algum conhecido de fora do meu círculo íntimo, e aí um desconhecido.

Eu sou compassiva. Eu sou carismática. Eu amo a minha nova vida.

Aceito a realidade de que a riqueza é minha. ***Sei que meu cérebro é superpoderoso e aprendo tudo o que quero com facilidade.*** *Eu sou um gênio criativo e uma escritora prolífica. Aceito com gratidão e dou as boas-vindas à minha INCRÍVEL vida cheia de liberdade!*

"No centro do meu ser eu tenho a resposta. Sei quem sou e sei o que quero." – O Buda (reescrito na primeira pessoa)

Minha imaginação, provocada emocionalmente até um intenso grau de entusiasmo, somada à minha expectativa confiante, traz uma avalanche de fortuna para mim.

Tenho um suprimento ilimitado de ideias brilhantes, uma enorme criatividade, uma fantástica prosperidade e várias fontes de renda. Recebo meus bens de fontes conhecidas e desconhecidas! Eu sou competente.

Meu coração agradecido está sempre próximo das riquezas e da abundância criativa do Universo. Sou grata pela minha bela vida.

Olho para o mundo ao meu redor e vejo luz e energia brilhantes e saudáveis – um mundo cheio de otimismo e compaixão. Eu espalho alegria.

Há tanta beleza ao redor, hoje e em todos os dias que virão!

As portas se abrem para mim em todos os lugares aonde vou. *Estou cercada de oportunidades e as acolho.*

Eu sou digna e receptiva. Sinto-me saudável, forte, plena e vibrante.

Quando direciono minha mente subconsciente para acreditar que saúde, riqueza e abundância estão sempre circulando em minha vida, entendo que sempre as terei, independentemente da forma que assumam. Não há nada que eu não possa ser, fazer ou ter. Eu sou vibração. Eu sou eletricidade. Eu crio meu futuro.

Riqueza, saúde e abundância estão sempre circulando ao meu redor na minha vida. *Eu mereço. Todos nós merecemos!*

Posso fazer qualquer coisa. Corro atrás e consigo! Estou no topo do mundo e vou em frente! Não há limites para o que posso conquistar!

Eu tenho uma quantidade transbordante de energia. Eu sou energia pura.

Tenho clareza e penso com clareza todos os dias. Eu me amo.

Eu sou digna. Eu sou digna. Eu sou digna. *Eu mereço o melhor da vida.*

Eu sou um gênio com abundância de ideias criativas.

Eu sou magnífica. Eu sou adorável. Eu me aprovo.

As portas entre as dimensões se abrem para mim, para que eu possa experimentar o místico. As sincronicidades acontecem na minha vida o tempo todo.

Meu corpo está cheio de vitalidade e força. *Estou transbordando de energia edificante, saúde e amor, e isso atrai tudo o que quero na minha vida. Sinto-me jovem e feliz. Imagino meus genes da juventude se expressando. Eu me amo. Sempre. Estou feliz e em paz. Meu corpo expressa genes de longevidade.*

Sinto-me profundamente amada. Eu sou digna de excelência, amor e vitalidade. Estou plena. Eu tenho tempo, energia e apoio em abundância.

Meu corpo se sente mais jovem a cada dia. Sinto felicidade todos os dias. Meu sistema imunológico é poderoso e forte.

Minha energia de cura se espalha para os outros.

Há poder em mim e ao meu redor.

Minha mente e meu cérebro têm ***foco em abundância e minha memória é afiada.***

Alegro-me com a prosperidade de todos. *Eu amo a boa sorte dos outros. E, assim, também atraio boa sorte para mim. Estamos todos conectados.*

O que eu procuro também me procura. Eu sou um poderoso ímã atraindo tudo o que desejo e que vibra na mesma frequência que eu. Sinto uma onda de paz tomar conta de mim neste momento.

Eu tenho asas. *Sinto-me livre, leve, calma, paciente, descansada e descontraída. Estou em forma, forte, feliz e cheia de vida. Estou aberta para receber.*

Eu acredito em mim.

Acredite se quiser, esse nem é o roteiro completo da minha prática diária. Imagine um monte de emojis e imagens fortes acompanhando as frases. As versões se transformam à medida que aperfeiçoo a linguagem e acrescento novas frases que me ocorrem durante o dia.

Percebi que certas coisas já ficaram permanentemente gravadas no meu cérebro. Como resultado, não preciso mais mantê-las no roteiro. Já foram internalizadas. A repetição não é mais necessária. O que significa que posso substituí-las por algo novo.

Às vezes, faço mudanças apenas para dar uma sacudidela mental. Repetir as mesmas coisas, muitas e muitas vezes, pode ser chato em qualquer aspecto da vida. Fazer alterações, seja adicionando uma imagem num dia ou reorganizando as palavras em outro, mantém o frescor. Quando o conteúdo permanece fresco, seu cérebro presta mais atenção.

Adiante (na Parte II), apresentarei muitos outros roteiros para você começar ou para inspirá-la a escrever o seu.

Mas, antes de nos aprofundarmos, gostaria de compartilhar uma história pessoal e, em seguida, examinaremos algumas técnicas para turbinar o seu Café com Autoestima, levando-o a outro nível e infundindo-o em outras partes de sua vida.

Como o Café com Autoestima me transformou em autora de ficção

Quero lhe contar a história de como este método me deu uma ajuda específica. Quando comecei a fazer as afirmações positivas, tudo melhorou, desde o primeiro dia. Eu estava mais feliz, mais cheia de energia, e a vida ficou mais fácil, mais agradável. Isso me deixou confiante, me sentindo bonita e motivada a agir em relação a coisas que eu havia escrito nos meus roteiros de saúde e bem-estar.

Mas eu também estava escrevendo outra coisa. Algo que, na época, eu honestamente não sabia o que poderia vir a ser. Mas como o diálogo interno já tinha feito maravilhas por mim, pensei que não tinha nada a perder e resolvi experimentar.

Criei então um roteiro inteiro sobre me tornar romancista. Eu já escrevia bastante não ficção, mas a ficção era um mundo estranho e misterioso para mim. A minha voz interna era cruel em relação à minha capacidade de criar histórias. Eu nunca tinha pensado em mim como uma "contadora de histórias". Nunca pensei que fosse capaz de fazer tal coisa. Isso era para outras pessoas – como o cara solitário do ensino médio que sempre carregava um bloco de anotações e escrevia suas ideias. Não era para mim.

Claro, assim que comecei a praticar as afirmações, percebi que minhas crenças sobre minha capacidade de escrever ficção eram... *uma ficção*! Era algo completamente inventado. De onde vieram essas crenças? Não importa. Estava na hora de mudá-las.

Então comecei a incluir afirmações sobre ser autora de romances no meu roteiro diário. Ao adicioná-las a uma lista de afirmações que eu já estava praticando, e acreditando, consegui inserir algumas linhas sobre um tópico no qual eu achava que não tinha talento algum. Eu mal sabia por onde começar.

Adicionei linhas como:

Sou uma escritora prolífica. Eu sou um gênio criativo. Estou cheia de histórias para contar. Para mim, é fácil escrever romances.

É isso. Acrescentei várias frases assim e continuei minha rotina de Café com Autoestima todas as manhãs, dia após dia.

E sabe o que aconteceu? Um belo dia, eu estava sentada no quintal da minha mãe durante o confinamento na pandemia de Covid-19 e de repente me ocorreu a ideia de uma história. Veio aparentemente do nada. *Do nada.* Até olhei em volta para ver se alguma coisa poderia ter me inspirado. Afinal de contas, ter ideias, eu?

Do nada.

Ou será que não foi do nada?

Pergunta: Qual é a fonte de toda criatividade?

Resposta: O subconsciente!

Bem, *é claro* que eu não sabia de onde vinha a ideia. Isso é literalmente o que significa a palavra *subconsciente.*

Mas de onde o subconsciente tira ideias para histórias?

Resposta: Da nossa programação. Nesse caso, do meu novo diálogo interno. É a única maneira de explicar por que isso nunca tinha acontecido em 40 e poucos anos até eu começar a fazer afirmações positivas sobre escrever ficção. Nenhuma ideia de história me ocorreu durante esse tempo. NENHUMA.

E aí comecei a dizer a mim mesma que tenho muitas ideias para histórias. E, de repente, ideias começaram a surgir para mim do "nada".

Fiquei em choque. Mesmo acreditando no poder das afirmações, a velocidade da minha transformação e a clareza desse evento faziam com que tudo parecesse bom demais para ser verdade.

Mas não era. Episódios semelhantes continuaram a acontecer. De repente, cenas daquela história começaram a fluir na minha mente!

Hoje em dia isso acontece com tanta regularidade, de uma forma tão previsível, que não reajo mais com espanto. Passei a esperar que ideias aleatórias me alcancem, vindas do éter. Agora, quando aparece uma ideia para uma história ou para uma cena, eu reajo com uma afirmação de reforço: "*É isso aí, garota. Você é uma estrela!*"

E assim minha conversa interior me deu um talento, uma habilidade que eu nunca sonhei que poderia possuir. E embora eu não fale mais assim, com palavras como "nunca pensei que pudesse", etc., estou repetindo-as aqui para contar como aconteceu e para que você entenda a minha antiga mentalidade.

Corta para seis meses depois. Até o momento, já escrevi seis romances sob o pseudônimo de Brisa Starr. Foram seis romances em cinco meses, o que dá cerca de 6 mil palavras por dia na fase de escrita (que é diferente da fase de edição). E tenho uma lista do tamanho do meu braço com ideias para novos livros.

E então, de onde veio toda essa criatividade que apareceu subitamente quando eu estava na casa dos 40 anos, sem nunca ter escrito uma única palavra de ficção durante toda a minha vida?

Você já sabe a resposta. A criatividade veio das afirmações feitas no ritual do Café com Autoestima.

Quando fiz essa descoberta, foi como se um novo mundo se abrisse. Assim que percebi que meu cérebro era capaz de conceber uma história, entendi que aquilo era realmente possível. Em 1954, quando Roger Bannister correu uma milha (1.600 metros) em menos de quatro minutos – uma façanha que até então se julgava impossível, – outro atleta veio e quebrou seu recorde apenas 46 dias depois.

Em outras palavras, *assim que eu soube que não era impossível, passei a saber que era possível.*

Algumas noites depois de ter a primeira ideia, minha mente ficou tão inundada com outras ideias que eu não conseguia dormir! Foi incrível. Abandonei a ideia de que não prestava para fazer determinada coisa e passei a realmente ser capaz de fazer aquilo.

Tudo graças às palavras de incentivo que eu repetia para mim mesma. Criei novas ligações em meu cérebro simplesmente por dizer "Sou uma escritora prolífica. Eu sou um gênio criativo". Repeti isso muitas e muitas vezes. Daí se tornou verdade.

Pois bem: eu estava tomada pelo ímpeto criativo, então decidi produzir um roteiro completo de afirmações sobre minha nova vida de autora de ficção. Escrevi as frases em uma cartolina colorida e gravei minha leitura com uma música animada. Eu ouvia a gravação quase todos os dias. E ainda faço isso, muitos meses depois.

Meu roteiro de Café com Autoestima para fortalecer minha identidade de escritora de ficção

Eu sou uma escritora prolífica. Escrevo dez livros por ano.

Eu amo meu cérebro. Ele é forte, saudável e poderoso.

Eu sou resiliente.

Eu sou um gênio criativo.

Estou cheia de histórias.

Eu sou corajosa.

Todas as manhãs acordo animadíssima para escrever meus romances.

Eu amo minha vida, e a vida me ama.

Estou concentrada.

Eu vivo num nível mental mais elevado.

Meu coração está cheio de alegria e emoção.

Meu cérebro está cheio de deslumbramento.

Sou definida pela visão do meu futuro como autora de best-sellers.

Palavras e cenas para romances transbordam de mim.

Eu amo minha vida. E eu amo minhas histórias.

Estou me divertindo muito escrevendo ficção.

Escrever romances está no meu sangue.

Eu sou uma autora de grande sucesso comercial.

Escrevo de 5 a 7 mil palavras por dia.

Saia da frente e me deixe passar!

Eu sou uma Milionária Sexy e Feliz!

Eu sou uma escritora incrível.

Escrever é empolgante. Eu sou uma contadora de histórias.

Escrever romances é fácil e divertido para mim.

Dito livros facilmente para meu gravador digital de voz.

Eu abençoo meu laptop com amor. Ele me traz dinheiro todos os dias.

Eu me amo. Tudo está maravilhosamente bem.

Esse é o roteiro original e, enquanto o digitava para você conhecer, eu lia a cartolina enorme que fica na minha mesa de trabalho.

Em breve serei mais específica porque tenho um novo objetivo: escrever romances de fantasia. Atualmente escrevo histórias mais picantes, que adoro, mas decidi me aventurar em outros gêneros.

E adivinhe só?

A antiga programação negativa tentou se esgueirar, colocando minhocas na minha cabeça: "Mas, Kristen, você não sabe nada sobre a escrita de fantasia. Como acha que vai conseguir criar aqueles mundos épicos com personagens e tramas complexas? Com guerras, fadas, monstros, mágica e o caramba?"

Ao ouvir isso no fundo da minha mente, soltei uma gargalhada. Claro que posso escrever fantasia! É apenas uma questão de me preparar para isso. Não sei quando acontecerá, mas certamente sei como iniciar o processo... Com o meu Café com Autoestima! Vou até adicionar algumas linhas ao roteiro que acabei de mostrar. Por exemplo:

Eu sou uma autora de fantasia muito bem-sucedida.

Palavras e cenas para romances de fantasia transbordam de mim.

Eu crio mundos de fantasia épicos, mágicos e deslumbrantes!

Simples assim.

Capítulo 8

TURBINANDO A SUA PRÁTICA

Agora que você está familiarizada com o roteiro básico do Café com Autoestima, está na hora de descobrir como ir mais longe, rumo ao futuro que você projetou. Vamos elevar o método a outro patamar, utilizando as afirmações de modo a criar uma experiência ainda mais intensa.

Eu faço regularmente tudo o que vem a seguir para obter o máximo de brilho, entusiasmo e energia.

1. Use imagens

Nosso cérebro adora imagens.

Você pode tornar seu Café com Autoestima ainda mais poderoso ao acrescentar ilustrações a seus roteiros de afirmações. Assim, mais partes de seu cérebro serão acionadas, o que ajuda você a sentir emoções elevadas com mais intensidade ainda.

Nosso cérebro adora imagens fáceis de memorizar pois elas dizem mais do que palavras. É por isso que os estudiosos da memória afirmam que o segredo para se lembrar das coisas é utilizar imagens mentais. As imagens vão fazer com que você se lembre das suas afirmações com mais facilidade durante todo o dia, pois ficam gravadas em sua mente. Você pode recorrer a imagens da internet, fotos que você mesma tira ou até desenhos e rabiscos feitos a lápis. Pense nisso como uma associação entre o Café com Autoestima e o Pinterest. Ou entre o Café com Autoestima e o quadro de visualização. As imagens turbinam o processo de reconexão do cérebro.

Você pode usar imagens em cada declaração ou apenas de vez em quando, para dar uma ênfase especial. As imagens podem estar diretamente relacionadas à frase, mas não necessariamente. O mais importante é que elas desencadeiem a emoção que você está tentando capturar.

Por exemplo, para a afirmação *Hoje estou vivendo o dia mais incrível de todos!*, você pode acrescentar uma imagem do oceano, das montanhas, de um animal ou uma obra de arte. Qualquer coisa que a deixe maravilhada.

Meu próprio roteiro vem acompanhado de muitas fotos que peguei da internet para me inspirar. Quando olho para elas, sinto um poder a mais correndo em minhas veias. As fotos amplificam meus sentimentos. Por exemplo, numa parte do roteiro em que escrevo sobre meu novo eu, digo assim:

Eu sou uma nova pessoa. Olho nos meus olhos e vejo o que os outros veem. Abandonei minha velha identidade e estou levando uma vida completamente nova e mágica, criada por mim. Corajosa. Entusiasmada. Maravilhada. Apaixonada pela vida. Paciente. Amável. Cintilante.

Após a declaração, vem a imagem de uma fênix ardendo nas chamas, se desfazendo e renascendo das cinzas.

Para se sentir saudável e plena, você deve adicionar uma imagem de algo que a leve a *se sentir* saudável e plena. Talvez a imagem de uma comida deliciosa. Ou de pessoas praticando um esporte que você ama. Ou uma foto sua correndo na praia com seu cachorro. Ou talvez uma ilustração colorida dos chakras, os centros de energia do corpo. A ideia é encontrar imagens que você aprecie e que lhe despertem emoções elevadas. Adicione essas imagens a seu Café com Autoestima para inspirá-la e intensificar seus sentimentos.

Ver essas imagens enquanto repete suas afirmações é como revisar um quadro de visualização cheio de vida e possibilidades. Ao dar ênfase à sua conversa interna, ao ler suas declarações positivas em voz alta enquanto vê as imagens, seus sonhos podem se realizar mais depressa. Vai dar para sentir a energia circulando dentro de você praticamente em tempo real.

E isso é muito *poderoso*!

2. Emojis!

Outra maneira divertida e rápida de aprimorar seu Café com Autoestima é usar emojis. Meus roteiros estão cheios deles. Gosto do arco-íris, da bola de cristal, dos corações de todas as cores, sorrisos, sol, lua, estrelas, bíceps, dancinha, café (claro), bolsa de dinheiro, avião, praia/ilha, borboleta (como sinal de transformação) e muitos outros. Seja criativa. É um processo divertido e significativo, e você se verá adicionando mais símbolos com o passar do tempo. Há alguma coisa no espírito alegre e brincalhão dos emojis que é capaz de envolvê-la num nível emocional sutil, que é justamente o que estamos buscando.

3. Fontes, sublinhados, itálico e negrito

Para dar ênfase a certas frases, sublinho palavras, aplico negrito e/ou itálico, vario o tamanho da letra. Coloco algumas declarações centralizadas, outras justificadas à direita, mudo o espaçamento das palavras para criar variedade visual. Também uso o aplicativo Notas do meu iPhone para inserir meus rabiscos. Tudo isso faz com que meu roteiro de afirmações repercuta fundo do ponto de vista emocional, capturando minha atenção e tornando tudo mais divertido.

4. Otimize seu ambiente

O ambiente pode fazer toda a diferença na sua experiência de Café com Autoestima. O ideal é dispor de um espaço físico confortável e inspirador que permita que você mantenha uma boa postura. Nada de ficar curvada! De acordo com pesquisas, sentar ereto com uma boa postura pode aumentar a energia e reduzir o estresse, fazendo com que você se sinta mais feliz. Entretanto, se você se sente especialmente feliz aconchegando-se em um sofá confortável, então eu digo: faça onde for melhor para você.

Olhe ao redor da cozinha, da varanda ou da sala de estar e veja o que lhe parece bom. Se nenhum cantinho da casa for suficientemente agradável, aproveite para organizar um espaço que lhe proporcione o efeito desejado. Eu normalmente faço minhas afirmações numa área de estar na cozinha, e às vezes no sofá da sala. Quando visito minha mãe no Arizona, faço ao ar livre, sob o céu sempre radiante e azul do quintal da casa dela (é um dos meus lugares favoritos).

Quando você planeja o ambiente de forma deliberada, é possível moldá-lo para amplificar sua experiência, suas emoções e seus sentimentos. Isso é importantíssimo para o ritual porque torna todo o processo mais intencional. O que, por sua vez, o torna mais poderoso e eficaz. É bom amar o espaço onde você vai praticar seu Café com Autoestima porque isso vai melhorar seu humor e manter sua motivação para persistir no hábito. Usar o mesmo espaço sempre também colocará você no estado ideal, assim como a xícara de café.

Mas se você não pode usar o mesmo lugar todos os dias, não se preocupe com isso. Faça onde puder.

Muitos outros fatores contribuem para criar um ambiente adequado ao Café com Autoestima. Cada pessoa tem suas preferências. Eu, pessoalmente, me sinto mais poderosa e animada numa atmosfera de spa. Não porque goste de spas em si (e eu gosto), mas porque os spas, depois de décadas de tentativa e erro, aperfeiçoaram ambientes para o relaxamento das pessoas.

Aqui estão algumas ideias para melhorar o cenário:

- **Luz natural** – O Café com Autoestima é um ritual matinal, então o uso da luz natural é um fator importante. A luz do sol vai ajudá-la a despertar, a se concentrar e ficar de bom humor.
- **Qualquer tipo de natureza** – Um ambiente ao ar livre, com brisa fresca e plantas.
- **Água** – Nada é melhor do que o som de um riacho para acessar seu poder interior. Até uma fonte artificial em sua mesa de trabalho é capaz de operar milagres na alma (durante o dia inteiro, não apenas na hora do Café com Autoestima). De acordo com o biólogo marinho Wallace J. Nichols, um estado ligeiramente meditativo é provocado quando se está próximo da água, sobre a água ou debaixo dela.
- **Aromas agradáveis** – Café(!), pão fresco, flores, incenso, óleos essenciais... o que for da sua preferência.
- **Sons** – Água (mais uma vez), sinos de vento, pássaros, música (falaremos sobre isso adiante).
- **Sem distrações** – Desligue a televisão, deixe seu telefone no modo avião, diga para todo mundo em casa que você deseja ficar sozinha por alguns minutos.

5. Diga em voz alta

Algumas pessoas fazem suas afirmações em silêncio, para si mesmas. Às vezes essa pode ser a única opção, quando se está num ambiente público, por exemplo. Tudo bem. Mas, sempre que possível, faça seu Café com Autoestima em voz alta!

Ao ler duas afirmações positivas em voz alta, você fica mais concentrada. É menos provável que sua mente vagueie. Desse modo, são empregadas três modalidades sensoriais: leitura (olhos), fala (boca) e audição (orelhas). Isso significa que, em relação ao nível de atividade no cérebro, ler em voz alta é três vezes mais eficaz.

Durante uma leitura silenciosa, sua mente pode se perder. Pode começar a pensar na sua lista de tarefas, em como foi a noite anterior ou no cardápio para o jantar de hoje. Ao ler, pronunciar e ouvir suas afirmações, sua concentração fica afiada. Isso, por sua vez, faz com que seja mais fácil se lembrar das palavras, tornando-as também mais significativas. Além disso, falar em voz alta faz com que as palavras entrem na sua mente subconsciente mais depressa e ajuda a fazer a conexão com uma resposta emocional mais profunda.

Como eu já disse, não é um problema se você ainda não acredita nas palavras que saem da sua boca. Dá para você *fingir até conseguir* acreditar nelas. Muhammad Ali ficou famoso por fazer isso. Ele disse uma vez: "Para ser um grande campeão, é preciso acreditar que você é o melhor. Se não acredita, finja que acredita."

Mesmo se estiver fingindo, você ainda estará fazendo disparos e conexões porque seu cérebro não sabe a diferença entre o que você está imaginando e o que realmente está acontecendo. Considere isso como uma espécie de "ensaio para o sucesso". Em breve você não estará mais fingindo.

Talvez você duvide que seu cérebro não sabe a diferença entre o que você diz e o que é verdade. O que estou querendo dizer é que uma parte de você sabe a diferença, claro, mas a parte do seu cérebro que está fazendo novas conexões neurais não sabe. Está apenas criando ligações entre os neurônios. É por isso que, por exemplo, a pressão arterial pode aumentar e o cortisol pode ser liberado no organismo apenas com os pensamentos. Se você disser repetidamente a si mesma que está feliz, enchendo sua cabeça com pensamentos e visões de momentos agradáveis, seu cérebro acreditará que você está feliz.

Se, por algum motivo, você não puder praticar em voz alta, tente pelo menos pronunciar as palavras baixinho. Assim você obterá mais impacto do que se apenas ler o roteiro mentalmente. No mínimo, mantenha uma boa postura enquanto estiver fazendo as afirmações. Confie em mim, isso faz diferença. Ficar atenta e pronunciar as palavras com intenção são atitudes fundamentais para que seu cérebro *perceba*. (Faça uma experiência agora e repare. Você entenderá o que quero dizer!)

Dance como se ninguém estivesse olhando.

— WILLIAM W. PURKEY

6. Adicione energia

Para obter ainda mais impacto, anime-se ao praticar seu Café com Autoestima. Dar ênfase às palavras e soltar gritinhos de empolgação entre as declarações amplifica seu estado emocional!

Quanto mais ação e ênfase você jogar na sua declaração, melhor e mais verossímil ela se tornará para seu corpo e sua mente. Então vá com gosto! Recorra à artista de cinema que existe dentro de você e empenhe-se na atuação! Ao mergulhar com entusiasmo na leitura das afirmações, você esculpe esses sulcos de positividade em seu cérebro mais depressa e de um modo mais profundo.

Seu corpo responderá às suas palavras. E se você adicionar ousadia, alegria, energia e ênfase, a resposta será mais forte.

Às vezes, é ainda melhor se levantar e fazer suas afirmações numa postura de poder, como a Mulher Maravilha! Já foi demonstrado que as posturas de poder aumentam a confiança e diminuem o estresse, então aproveite-as. Sente-se uma boba fazendo isso? Não importa, faça assim mesmo. Atue, faça piada da situação, o que quiser, mas tente. Aqui está uma postura poderosa: mãos nos quadris, olhos fixos em um ponto à frente e um leve sorriso sábio. (Você sabe qual é: aquele sorriso que mostra que você tem os segredos, o poder e as respostas.)

7. Acrescente uma trilha sonora

Sem música, a vida seria um erro.

– FRIEDRICH NIETZSCHE

Para turbinar ainda mais o seu Café com Autoestima, você pode acrescentar à mistura uma música poderosa. Ela pode ser reproduzida em segundo plano enquanto você faz suas afirmações em voz alta.

Adicionar música ao ritual amplificará os sentimentos que você deseja criar. A música consegue evocar respostas emocionais intensas e é uma das melhores maneiras de reduzir o estresse, alterar seu humor e mudar seu estado de espírito. Acredita-se que ouvir música pode desencadear a liberação de dopamina, conhecida como o neurotransmissor do prazer. Você pode, portanto, treinar-se para *querer* fazer o Café com Autoestima, já que a música agradável irá estimular a produção de dopamina toda vez que você ouvir seu roteiro – e seu cérebro começará a associar as afirmações ao recebimento dessa recompensa.

Eu mencionei a importância dos sentimentos para o Café com Autoestima, e um modo simples de elevar seu estado emocional é ouvir música inspiradora enquanto repete suas afirmações. Há um bom motivo para os filmes terem trilhas sonoras. Elas conduzem as emoções do público. Imagine um de seus dramas favoritos ou uma daquelas superproduções cheias de ação e pense em como seria sem música! A experiência se tornaria bem menos tocante ou memorável. Ao adicionar música inspiradora, você eleva a prática a um novo patamar e torna o momento ainda mais agradável!

A música que você ouve afeta o seu cérebro. Os cientistas ainda não sabem exatamente por que isso acontece, mas parece que uma das razões pelas quais a música é tão poderosa é que ela envolve muitas partes do cérebro, desencadeando conexões e criando associações. Se você ouvir repetidamente a mesma música enquanto lê (ou canta!) suas afirmações, vai ancorar a música nas palavras. Então, sempre que ouvir essa música, sua mente se encherá com sua poderosa conversa matinal. (Mais precisamente, o estado mental codificado pelo diálogo interior será carregado em seu cérebro.)

Examine suas músicas favoritas e selecione uma que eleve seu espírito, inspire sua alma e toque suas emoções, deixando-a feliz e energizada. Em seguida, coloque-a no *repeat* e ouça enquanto lê seu roteiro. Se preferir, escolha várias músicas e crie uma playlist específica para esse momento. Eu gosto da ideia da lista de reprodução pela variedade, mas, pessoalmente, acho melhor repetir apenas uma música muitas e muitas vezes porque isso ancora a música com mais força. Depois de algum tempo, quando se cansar ou entrar em um novo capítulo da sua vida, você pode passar para outra música.

Dica de especialista: escolha uma música sem letra para que as palavras não disputem sua atenção enquanto você faz a leitura das afirmações. Trilhas sonoras de certos filmes proporcionam uma atmosfera épica, dramática e cinematográfica perfeita para esse propósito.

Outro bom motivo para acrescentar música ao ritual é que ela é um poderoso estímulo emocional que pode alterar sua percepção do tempo. Já reparou como os minutos parecem voar quando você está ouvindo algo agradável, ou como você se transporta para outra realidade quando está totalmente absorta em uma música? A música pode colocá-la em um transe quase hipnótico.

Os neurocientistas e os artistas vêm usando as ondas alfa (8-12 Hz) há décadas para alcançar um estado avançado de relaxamento, criatividade e aprendizado – assim como os adeptos da meditação fazem há milhares de anos. Minha intuição e minha experiência me dizem que algo poderoso acontece quando alio uma música inspiradora a uma lista de afirmações positivas e potentes. Essa experiência é forte e agradável, o que aumenta a probabilidade de eu querer sentir isso todos os dias.

Recentemente, estabeleci a música *Liquid Flow*, de Dreaming Cooper, como música-tema da minha prática diária. Tem uma *vibe* eletrônica e futurista, sem uma melodia muito definida. Ou seja, é uma música que cria um clima poderoso e diferenciado, mas não tenta contar nenhum tipo de história. E é exatamente isso que eu quero. Agora, sempre que ouço essa música, estou programada a pensar e sentir tudo o que gravei em meu cérebro com minhas afirmações positivas. É incrível!

E com que frequência essa música em particular aparece no meu dia?

Cinco vezes.

Por que cinco vezes? Isso me leva à próxima dica... meu *Minuto Milionário*.

8. Crie o seu Minuto Milionário

Eu desenvolvi uma técnica que chamo de Minuto Milionário. É um alarme no meu celular que toca uma música específica em determinados momentos do dia e serve para acionar meu estado de Milionária Sexy e Feliz – ou seja, desencadeia pensamentos e sentimentos que associei ao meu desejo de ser linda e rica.

É um estado de espírito incrível que tento vivenciar todos os dias. Às vezes, detalhes mundanos da existência, como lavar roupa, pagar contas ou comprar mantimentos, fazem com que eu esqueça momentaneamente minha missão épica e luxuriante.

E então, de repente, meu alarme do Minuto Milionário dispara!

E... BAM!!

Quando ouço as notas iniciais da música, sou instantaneamente transportada para aquele espaço mental onde a mágica acontece.

Paro de imediato o que estou fazendo (exceto quando for impossível ou inapropriado), fecho os olhos, sento (ou fico) com as costas eretas, respiro fundo e simplesmente deixo o sentimento tomar conta de mim. É impressionante! Permaneço nesse estado de leve transe por 10 a 60 segundos. Então desligo o alarme e retomo meu dia, com uma visão renovada e as emoções elevadas.

E isso acontece *cinco vezes por dia*!

Coloco o alarme para tocar *Liquid Flow* diariamente às 10h, às 12h, às 14h, às 16h e às 18h.

E o que acontece? Como mencionei antes, associei essa música específica a uma sensação de bem-estar e plenitude. Quando o alarme dispara, sou lembrada da minha poderosa conversa matinal, que faz com que eu me sinta absolutamente incrível. Sou lembrada de que estou atraindo a vida que eu quero todos os dias. Não apenas com pensamentos positivos, mas com todos os meus atos, no esforço e no amor que coloco em meu trabalho. O lembrete faz com que meu cérebro se sinta fortalecido. Ele me põe em contato com a realidade que estou manifestando com a ajuda do Café com Autoestima.

Minha família sabe sobre o ritual do Minuto Milionário. Na verdade, hoje em dia, quando o alarme soa, todos se juntam a mim, deixando que a música nos envolva enquanto nos sentimos energizados. Meu marido nem sempre está no mesmo cômodo que eu quando o alarme toca, então eu diria que ele deve ouvir a música duas ou três vezes ao dia. Embora não tenha vinculado *Liquid Flow* a afirmações positivas como eu, ele diz que a música o ajuda a "reiniciar" e a entrar num estado mental mais concentrado e atento. Funciona como um lembrete frequente para levar a vida com entusiasmo e energia.

9. Grave suas afirmações

O próximo passo para o sucesso é gravar suas afirmações... *imagine só...* com a música escolhida tocando ao fundo! Essa é uma experiência divertida e fascinante. Ao gravar sua conversa interior, você passa a poder ouvi-la a qualquer momento. Por exemplo, enquanto caminha até uma loja, dirige o carro, se arruma para ir trabalhar, malha na academia, lava a louça, faz o jantar ou se prepara para dormir.

Uma das minhas formas de cumprir o ritual do Café com Autoestima é caminhar pela cozinha com minha xícara de café na mão e fone nos ouvidos, ouvindo minha voz gravada. É uma forma de empilhar três hábitos:

Café + Afirmações + Caminhada

Algumas coisas potencialmente poderosas acontecem quando fazemos isso. Para começar, o movimento repetitivo da caminhada desencadeia uma resposta de relaxamento no corpo, e o estresse começa a se dissipar. Ao mesmo tempo, recebemos um impulso de energia que nos inspira a manter o ânimo.

Lembre-se: estados de espírito positivos e emoções elevadas são ingredientes-chave para que a conversa interna seja mais eficaz e os sonhos se realizem mais depressa. O ato de caminhar beneficia o cérebro de diversas maneiras. E o corpo também!

Sei que nem todo mundo tem tempo para se sentar e ler seu roteiro de Café com Autoestima todas as manhãs. Ao gravá-lo, você pode ouvi-lo e recorrer a ele nos dias em que está com pressa. Além disso, a gravação permite que você pratique sua conversa interior mais de uma vez por dia, se quiser se empenhar ainda mais em sua mudança de vida. Você pode fazer seu ritual normalmente pela manhã e, à noite, enquanto estiver fazendo o jantar ou lavando a louça, colocar a gravação para tocar como música de fundo.

Ouvir a própria voz gravada pode ser um pouco esquisito no começo. Isso é normal e é sempre passageiro. É como a estranheza de se ver no espelho com um novo penteado – o que parece tão pouco familiar no início rapidamente se torna algo imperceptível. O mesmo acontece ao ouvir sua voz. Vale a pena passar por esse período de ajuste, porque o impacto de ouvir suas afirmações é poderoso!

Ouvir sua voz – especialmente depois de se acostumar a ouvi-la sem qualquer julgamento – é como ter uma conversa consigo mesma. É como se "você" estivesse dizendo a "você" como as coisas são. E, se pensar bem, é exatamente isso que acontece quando pensamos! Pensamos constantemente na forma de diálogos – que, na maioria das vezes, não chegam a ser ditos. "O que devo vestir hoje? Humm, eu gosto desta blusa, mas usei há dois dias...", etc.

Nossa mente é composta de vários sistemas, cada um com sua "personalidade". Por exemplo, temos um lado "racional" e um lado “emocional”. Uma parte de nós quer abandonar o emprego e passar um ano viajando pelo mundo; a outra parte lembra que precisamos do trabalho para pagar nossas contas. Gosto de pensar nas minhas afirmações gravadas como o meu “eu superior” – a parte do meu cérebro que sabe o que é melhor para mim a longo prazo – e confio nele. Quando ouço essa voz, sinto que ela tem uma espécie de autoridade. É uma espécie de poder, e vem de mim!

A gravação do Café com Autoestima é especialmente útil em tempos difíceis. Eu estava trabalhando na fase de edição deste livro durante a pandemia de Covid-19, em 2020, e recorri muitas vezes às minhas gravações para me manter animada, saudável e fortalecida em meio ao medo e ao caos. Se eu me sentisse sobrecarregada a qualquer momento, colocava os fones de ouvido e ouvia minha própria voz me incentivando a ser positiva.

Aqui está como eu faço para preparar minha gravação:

Não uso nenhuma técnica extravagante, nenhum equipamento de áudio profissional nem nada parecido. Quem vai ouvir sou eu, e não preciso de perfeição.

Eu uso o aplicativo Notas do meu iPhone para digitar meu roteiro de Café com Autoestima. Isso é muito conveniente, pois meu telefone está sempre comigo, e assim posso fazer acréscimos e edições sempre que tenho uma ideia ou quando bate a inspiração. Eu também tenho um iPad, que sincroniza com o Notas na nuvem. Então eu abro meu roteiro no iPad e coloco *Liquid Flow* para tocar. Em seguida, abro o aplicativo de gravador de voz no celular e começo a ler minhas afirmações.

O resultado final mistura minha voz com a música ao fundo. Esse processo não vai ganhar nenhum Oscar pela qualidade de som, mas é mais do que suficiente para reprogramar meu cérebro para viver uma vida mágica!

É claro que você não precisa ter um tablet nem um celular de última geração. Você pode simplesmente escrever seu roteiro no papel ou no computador e ler enquanto grava sua voz. A música não é necessária, mas torna o processo mais eficaz. E também mais divertido!

Em geral, eu ouço minha gravação uma vez por dia. Às vezes, estou me sentindo energizada e deixo tocando num loop infinito durante várias horas enquanto cuido das minhas coisas. É motivador!

10. Coloque lembretes na agenda do celular

É fácil perder o foco e o ânimo no dia a dia. Uma dica para neutralizar isso é pegar uma de suas afirmações e escrevê-la na agenda do celular, como uma tarefa que se repete diariamente. Então, todos os dias, quando estiver ocupada cuidando da vida, de repente vai ver na sua agenda um lembrete de como você é incrível. Apesar de muito simples, esse truque funciona que é uma beleza!

Todo mundo se distrai com a vida cotidiana, e às vezes nos esquecemos de pensar em nossos objetivos e aspirações. Ou, se nos lembramos, nos esquecemos de estar *sempre nos movimentando na direção deles.* Ou então nos esquecemos de nos sentir bem e precisamos de lembretes para nos ajudar a manter a disposição para criar uma vida melhor.

Às vezes, escolho a seguinte frase como lembrete diário:

Sou uma mãe bondosa e cuidadosa.

Você pode achar que uma mãe não precisa desse tipo de lembrete. Pois bem, eu considero útil ser lembrada de coisas assim. Ao ver essa afirmação, fico alerta para dar atenção integral à minha filha quando ela precisa de mim.

Em outro dia eu mudo para:

Sou uma mulher poderosa e carismática.

Vou dizer uma coisa: só de ver isso, me dá um fôlego extra. Meu comportamento muda no mesmo instante.

O truque com os lembretes é escolher frases curtas, concisas. O ideal é que o conteúdo inteiro apareça na tela, que exibe um número limitado de caracteres. Quando encontrar uma frase que realmente repercuta em você, use-a por algum tempo. Às vezes, mantenho a mesma afirmação por duas semanas, até que ela penetre no meu subconsciente e eu não precise mais desse lembrete. Aí troco por uma nova.

Outras vezes, escolho uma afirmação por dia e aperto a repetição "semanal" na agenda do celular, alternando entre sete frases diferentes a cada semana. Essa pequena dica é extremamente eficaz.

11. Use Post-its

E o próximo truque é: use o famoso Post-it. Já falei sobre ele no Capítulo 1. É a versão analógica do lembrete da agenda que acabei de sugerir. Escreva algumas de suas afirmações favoritas em etiquetas adesivas e cole-as em lugares que você vê com frequência. Isso vai lembrá-la de manter uma atitude que combine com o teor de suas afirmações positivas. Já li sobre alguém que escreveu uma afirmação no papel, plastificou e pendurou no chuveiro. Que ideia ousada e divertida!

Mas atenção ao detalhe: é preciso mudar a posição dos bilhetinhos a cada 4-5 dias. Caso contrário, você fica "cega", deixa de enxergá-los e passa a ignorá-los. Para evitar que isso aconteça, mova-os para diferentes partes de sua casa ou do escritório. Também altere o conteúdo deles a cada uma ou duas semanas.

12. Baixe um aplicativo de afirmações positivas

Recentemente, descobri um aplicativo para celular que é perfeito para complementar o método Café com Autoestima. O aplicativo se chama "I am" e é anunciado como "lembretes para pensar positivo". Ele tem uma versão gratuita, que oferece afirmações previamente preparadas. A versão paga dá acesso à biblioteca completa de afirmações, e inclui um recurso que permite adicionar as suas próprias frases (e tem emojis, viva!).

Há diversos aplicativos disponíveis que reúnem afirmações, pensamentos, mantras e lembretes. Escolha o que mais tenha a ver com você e com seus objetivos.

Eu uso a versão paga do "I am" e consigo programar minhas afirmações para serem exibidas de forma aleatória na tela principal do celular a cada 15 minutos.

O aplicativo é um ótimo recurso para me ajudar a manter o foco. Além disso, me inspira em momentos inesperados. Imagine só – estou na fila do supermercado, de repente pego o telefone e vejo a seguinte frase na tela:

Um coração cheio de gratidão está sempre perto das riquezas do Universo. Sou grata pela minha bela vida.

É muito divertido, e o aspecto de aleatoriedade adiciona um pouco de emoção à mistura. Você nunca sabe o que verá a seguir!

Capítulo 9

COMO ENCONTRAR O MELHOR MOMENTO

Todo mundo tem tempo para o Café com Autoestima. O tempo que se leva para tomar uma xícara de café é perfeito, e arrisco-me a afirmar que você come ou bebe alguma coisa pela manhã, mesmo que seja apenas um copo d'água.

Agora, se você é aquela pessoa que engole um café correndo enquanto está a caminho de algum lugar, está na hora de mudar, *porque você merece mais.*

A questão aqui é simples: você quer se sentir incrível ou não? Quer aumentar sua felicidade e seu bem-estar? Quer melhorar sua saúde, atrair um amor de verdade ou fazer novos amigos? Quer encontrar novas oportunidades? Quer ter mais sucesso no trabalho? Quer ser uma mãe melhor? Se respondeu sim a qualquer uma dessas perguntas, cinco minutos é tudo de que você precisa para começar.

Sei que muita gente vive atarefada e acha que não tem tempo, mas eu tenho a resposta, o segredo de como você pode arranjar tempo. Você está pronta?

Acorde dez minutos mais cedo.

Surpreendente?

Digo isso com um pouquinho de sarcasmo, mas totalmente envolta em amor. Quero que todas as pessoas tenham uma conversa interior saudável porque - sem exagero - o mundo poderia se tornar um lugar muito melhor. Todo indivíduo que aprimora o diálogo interior é uma borboleta precursora de um furacão de amor, paz e compaixão. Quando vinculamos as afirmações positivas ao café da manhã, é mais provável que pratiquemos diariamente.

Sim, pode ser que seja necessário acordar um pouco mais cedo. E isso significa ir para cama dez minutinhos mais cedo, porque não quero que ninguém durma menos. Ter uma boa noite de sono é importantíssimo para a saúde. Pode, inclusive, alterar seu humor e aumentar sua felicidade e seu entusiasmo pela vida. Então, enquanto convenço você a reorganizar sua agenda, aproveito para pedir que faça um favor a si mesma e à sua vida: tenha uma boa noite de descanso.

Repito, todos nós temos tempo para isso. Sei que pode ser difícil ir para cama mais cedo, mesmo que apenas alguns minutos. Entendo perfeitamente. Muitas vezes, estou lendo e quero terminar o capítulo antes de dormir. Só mais cinco minutinhos! Ou estou no meio de um jogo on-line com um amigo e não quero parar. Só mais um pouquinho não vai fazer mal, certo? Ou estou assistindo a uma série e o episódio ainda não chegou ao fim. Humm, não vou parar no meio da cena de perseguição, né?

Bem, examine sua vida para descobrir o que você está fazendo à noite, cerca de uma hora antes de dormir, e promova mudanças. Ajuste sua agenda para evitar interromper suas atividades noturnas, mas sem deixar de ir para cama na hora certa. É aí que podemos encontrar espaço para melhorias.

Quando examinei minha rotina, encontrei todos os tipos de desculpas para diminuir o número de horas de sono. Agora eu uso um aplicativo de celular para me avisar a hora de me preparar para ir me deitar. Geralmente vou dormir às 21h, pois isso me permite ter bastante tempo de sono e garante que eu acorde revigorada, oito ou nove horas depois. Programei um alarme para as 20h35. Quando ele toca, paro o que estou fazendo – quase sem exceções –, escovo os dentes, lavo o rosto e vou para cama. Assim eu tenho alguns minutos de sobra para rever minhas afirmações positivas antes de adormecer.

Se isso parece básico, é porque é mesmo! Mas quantas pessoas realmente programam um alarme para se preparar para dormir? É tão *fácil*! Hoje, como eu sei que meu horário-limite é 20h35, não ouso começar um programa às 20h. Também me acostumei a parar minha leitura no meio de um capítulo e a adiar as partidas de jogos on-line para o dia seguinte.

Quando estou viajando ou quando minha agenda está lotada, eu ajusto meu cronograma, determinando a que horas quero dormir e organizando minhas atividades em função disso. De modo que sempre tenho minhas oito horas de sono à noite e tempo para o Café com Autoestima pela manhã.

A realidade é que não existe isso de não ter tempo para praticar as afirmações. Pelo menos, não se você de fato quiser alcançar seus objetivos. Além disso, considerando que as pessoas passam cerca de três horas por dia nas redes sociais, sei que a maioria dispõe de dez minutinhos para criar uma vida melhor.

É simplesmente uma questão de decidir se isso é uma prioridade ou não. Para mim, sem dúvida, é uma prioridade. Eu experimentei a vida com e sem a prática do Café com Autoestima. É bem melhor com ela!

A mudança requer hábitos diários e positivos projetados
para manter você alinhado com seus objetivos.

– DR. JOE DISPENZA

Capítulo 10

TÉCNICAS DE PERSPECTIVA ALTERNATIVA (TPA)

O Café com Autoestima nos estimula a atrair nossos desejos e a mudar nossa maneira de olhar para nós mesmas. Mas descobri outra utilidade incrível: a prática me ajuda a fazer coisas que eu não gostava de fazer. Neste capítulo, vou apresentar a você as Técnicas de Perspectiva Alternativa, ou TPA, para que você também possa aproveitar esse benefício extra.

TPA nº 1: Reformulação

Uma das aplicações mais legais do Café com Autoestima é reenquadrar em sua mente as coisas que você precisa fazer, mas não quer. Quando descobri como as palavras que usamos são poderosas para determinar como nos sentimos e o que atraímos, experimentei usar palavras diferentes na tentativa de me deixar animada para fazer algo que eu realmente não queria fazer.

Eu queria tentar, mas, no fundo, não achava que funcionaria. Pegar algo que eu não quero fazer e simplesmente mudar uma palavra para ver se me faz ter vontade? Parecia ridículo. Encarei a ideia com a maior incredulidade, até que pensei: *Bem, o que tenho a perder?*

A primeira vez que experimentei essa técnica foi num dia em que tive que pagar contas – o que obviamente eu detestava fazer. Mas dessa vez tentei algo diferente. Respirei fundo e disse a mim mesma: "Adoro pagar contas. Fico feliz por ter condições de pagar as minhas contas."

Só isso.

Eu juro, algo mudou imediatamente no meu coração e no meu ânimo. Não senti ansiedade. Com essa simples alteração de palavras e a ressignificação do meu sentimento, naquele momento fiquei feliz por pagar as contas. Parecia bom demais para ser verdade, mas, puxa vida, acho que funcionou.

Ao dizer para mim mesma *Adoro pagar contas*, minha mente escutou e criou um estado aberto e positivo. Foi mágico. Lembro-me de rir sozinha pensando na simplicidade daquilo. Então pensei: *Está bem, mas será que vai dar certo para as outras pessoas ou será que eu sou simplesmente muito esquisita?*

Mas aí, algumas semanas depois, eu estava lendo o livro de Gretchen Rubin, *Projeto felicidade*, e ela descrevia *exatamente a mesma coisa*. Quase caí da cadeira!

Depois do primeiro experimento bem-sucedido, comecei a usar essa técnica para tudo. Tudo mesmo! Se havia algo que eu não estava doida para fazer, dizia a mim mesma que estava empolgadíssima. No mínimo, esse pequeno truque mental tirava a dor da missão. Mas, na maioria das vezes, eu realmente começava a ansiar pela atividade.

Por exemplo, quando tenho alguma tarefa que não curto especialmente, como fazer compras, apenas mudo meus pensamentos. Agora digo: "Adoro fazer compras." E lá vou eu ao supermercado com uma atitude mental bem melhor, mais leve, saltitando em vez de ir me arrastando.

Também utilizo essa técnica para limpar a casa, principalmente o forno, coisa que sempre detestei fazer. Comecei a declarar que adoro. Nem procuro encontrar uma razão, porque acredito em tudo o que digo a mim mesma. Como o cérebro recebe ordens e eu estava dizendo que adorava aquilo, meu cérebro respondeu: "Claro, por que não?"

Esse truque também funciona muito bem com as atividades físicas. Muitas pessoas não gostam de malhar, e algumas – minha mãe, por exemplo – pensam nisso como uma forma de tortura. Mas quando você começa a dizer "Eu adoro fazer exercícios!" toda vez que está prestes a praticá-los, você realmente se diverte.

Essa técnica pode ser usada, ainda, para mudar a forma como você se sente em relação aos outros. Por exemplo: há uma pessoa na minha família com quem nunca me identifiquei muito. Então passei a dizer a mim mesma que a amava e, de repente, minha energia mudou e comecei a nutrir sentimentos mais bondosos em relação a ela. E, acredite se quiser, eu me peguei ansiosa para encontrá-la. E quando nos encontramos foi muito mais agradável do que era antes. Imagino que ela sentiu que havia algo diferente, pois também pareceu mudar sua energia em relação a mim. É como se minhas palavras tivessem se tornado uma *profecia autorrealizável.*

É exatamente para isso que serve a Técnica de Perspectiva Alternativa.

Tentei usar essa técnica no meu trabalho. Enquanto escrevia um blog, pensei em fazer vídeos para o YouTube, de forma a ampliar o alcance da minha mensagem. Mas a verdade é que eu não gostava de fazer vídeos. Sempre achei o processo estressante: falar diante da câmera, lembrar-me do que devo dizer, encontrar algo para vestir, arrumar o cabelo e não estragar tudo no final.

Então, um dia, fiz uma experiência usando a perspectiva alternativa, dizendo "Adoro fazer vídeos para o YouTube". Bem, funcionou *novamente.* Agora eu amo fazer vídeos. É sério. Não estou fingindo. Não estou mentindo para mim mesma. Fico até entusiasmada quando penso em estar diante da câmera. Estou mais relaxada e me saindo melhor. É como se um interruptor tivesse sido acionado no meu cérebro.

Ainda fico impressionada com a simplicidade dessa técnica. Talvez eu seja uma pessoa altamente sugestionável, mas desafio qualquer uma a dizer repetidas vezes que gosta de algo que pensava que não gostava e ver se sua atitude não muda pelo menos um pouquinho.

Você pode aplicar a TPA a coisas que a desagradam ligeiramente – como limpar a casa ou passar roupa – ou a coisas que você realmente detesta – como falar em público, fazer a declaração do imposto de renda ou visitar seus sogros!

Experiência divertida: tente usar a técnica para alterar uma preferência *sensorial.* Prove um tipo de comida, um estilo musical ou um gênero de filme que você não curte muito. Imagine as possibilidades!

Na esfera profissional, a TPA pode transformar sua rotina. Digamos que você trabalhe com telemarketing, mas deteste telefonar para os clientes oferecendo os produtos da empresa. Tente pensar "Eu adoro falar com pessoas diferentes todos os dias!" e observe sua atitude mudar imediatamente. Se pensar nas implicações disso quando se trata de tarefas repetitivas, você vai concordar que esse pode ser um recurso e tanto. Quanto mais você levar sua mente para o território positivo, melhor se sentirá.

Já faz algum tempo que comecei a aplicar a técnica sempre que preciso fazer algo que não quero ou que me dá medo, como viajar de avião. Mas a verdade é que hoje em dia eu a uso para tudo: limpar o chão, pendurar roupa, cumprir tarefas burocráticas... No momento, estou experimentando a técnica para apreciar o sabor do fígado – tão nutritivo, mas... aff! O progresso tem sido um pouco lento, mas, graças à TPA, pelo menos consigo tolerá-lo.

Experimente. Pense em algo que você precisa fazer nesta semana e que preferiria não fazer. Apenas diga em voz alta: "Adoro fazer ______________________." Veja se essa técnica faz com que você se sinta diferente em relação à tarefa. Se isso não acontecer, ou se o efeito for mínimo, repita de cinco a dez vezes. Em seguida, aproveite o novo ânimo que você obterá e mãos à obra!

Embora essa técnica não exija a presença do café, ela também é uma forma de autodiálogo. Por isso você pode incorporá-la ao seu ritual matinal. Ao adicionar as declarações ao roteiro de Café com Autoestima, você reforça a perspectiva positiva diariamente, fazendo com que a mudança seja implementada mais depressa.

Por exemplo, pagar as contas é uma tarefa que se repete todos os meses. Se você sente ansiedade quando os boletos começam a chegar, acrescente uma ou duas frases sobre isso ao seu roteiro, como "Adoro pagar minhas contas". Repeti-la todos os dias por algumas semanas vai aliviar a tensão do pagamento. Na verdade, vai reprogramar sua mente para você se sentir diferente em relação a esse assunto.

TPA nº 2: "Eu posso"

Outro modo de reformular seus pensamentos sobre as coisas que você *tem que fazer*, mas nem sempre gosta, é mudar seu discurso de uma maneira específica. É simples: basta substituir "Eu tenho que" por "Eu posso". Em seguida, relaxe e sinta a magia acontecer. Aqui está o meu exemplo favorito:

Em vez de "Eu *tenho* que me exercitar agora", diga "Eu *posso* me exercitar agora".

Está vendo a diferença?

Peguei algo que era "uma necessidade", ou "um dever", e transformei num privilégio. Vejam só como eu tenho sorte! Eu posso me exercitar! Ao enxergar o exercício como um privilégio, a gratidão toma conta de mim e faz com que eu me sinta mais aberta à atividade.

Mudar uma palavrinha altera completamente o sentido da mensagem que você manda para o seu cérebro. O que estou dizendo implicitamente é que nem todo mundo tem a chance de se exercitar – as pessoas podem ter algum problema físico ou estar doentes, por exemplo. Assim, o simples fato de perceber que nada me impede de praticar uma atividade física e melhorar minha saúde já é um motivo de felicidade e gratidão. Realmente é um *privilégio.*

Se você não gosta de meditar, tente dizer a si mesma: "Eu posso meditar hoje!" Apenas experimente.

Percebe como suas palavras são poderosas? Mudando a maneira como fala sobre as coisas, você muda a maneira como se sente em relação a elas. Em pouco tempo você terá tirado a energia negativa de determinadas tarefas simplesmente porque se reprogramou para apreciá-las.

É bem fácil adicionar frases do tipo "Eu posso" ao seu roteiro matinal. Essa técnica é muito útil para trazer bons hábitos à sua rotina. Por exemplo, se você não é muito fã de exercícios físicos, adicione uma linha sobre isso em seu Café com Autoestima:

Eu posso me exercitar hoje! Que sorte a minha!

Você pode até ir mais longe e intensificar a gratidão sendo mais específica:

"Eu posso me exercitar hoje! Eba! Sou abençoada por ter tempo e energia para malhar. Tenho a sorte de ter pernas para andar na esteira e de ter braços para levantar pesos. Adoro priorizar minha saúde e meu corpo. Vou ter um supertreino hoje, e estou muito feliz por poder fazê-lo."

Capítulo 11

LIVRANDO-SE DA NEGATIVIDADE

Embora a prática do Café com Autoestima dure apenas cinco a dez minutos, há outras coisas que faço para manter uma mentalidade saudável e positiva durante todo o meu dia. Aqui estão minhas dicas para ajudar você a eliminar ou dissolver qualquer negatividade em sua vida.

Vamos falar dos noticiários

Não assisto ao noticiário com regularidade. Para falar a verdade, quase nunca vejo. E não me sinto como uma idiota desinformada por causa disso. Hoje em dia, a maioria das notícias ou é redundante, ou é uma opinião tendenciosa, ou não passa de especulação (dica: ignore todas as manchetes que terminam com um ponto de interrogação). Parte delas nem é verdadeira (Oi, Facebook!), e muito do que é verdade é manipulado de forma a atrair cliques, apelando para fofocas, sensacionalismo ou coisas bizarras. Com toda a sinceridade, anda tudo muito ruim.

No entanto, nunca fico por fora quando algo realmente importante acontece. As grandes manchetes passam pelo meu filtro. E assuntos mais específicos, que são relevantes para mim, chegam por meio de fontes confiáveis. Quando é fundamental que eu tome conhecimento de alguma coisa, mergulho no tema para aprender mais. Afinal, não vivo reclusa numa floresta.

Mas vou dizer uma coisa: quando me desliguei do noticiário, minha clareza, meu estado mental, minha criatividade, minha paz e minha felicidade aumentaram incrivelmente. Eu me livrei de TANTA distração diária!

Você já ouviu dizer que desgraça vende jornal? A imensa maioria das notícias é negativa *porque, em geral, as pessoas são motivadas pelo medo e não conseguem resistir àquilo que temem.*

Não é o meu caso. Eu não abro espaço para esse tipo de lixo. Tenho muito cuidado em proteger meu bem-estar mental. Eu me dedico de corpo e alma a criar a vida que desejo. Imagina se vou abalar minha paz de espírito porque uma celebridade foi pega fazendo algo constrangedor, ou porque um político disse alguma estupidez! Avise-me quando começar uma guerra ou quando descobrirem provas de vida extraterrestre, está bem?

As tretas nas mídias sociais

Passei a adotar a mesma abordagem rigorosa em minhas redes sociais. Já perdi muito tempo rolando *feeds*. Quando percebi que essas plataformas estavam me manipulando, me colocando em um modo constante de consumo de dopamina, como uma pessoa viciada, dei um basta.

Para começar, eu não gostava de todos aqueles insultos trocados no Twitter. Resolvi parar de seguir *qualquer um* que costumasse ser mais negativo do que positivo. Não importava se era meu amigo ou não. Eu não queria mais sentir que meu bem-estar mental era refém de pessoas raivosas e mesquinhas. Se todo mundo restringisse suas redes dessa forma, a internet se tornaria um ambiente muito mais saudável.

O Instagram era outra fonte de angústia. Por causa de algumas questões pessoais e das minhas inseguranças, eu me comparava demais com os outros, e isso não me ajudava em nada. Mesmo as contas e os perfis aparentemente inspiradores que eu seguia faziam com que me sentisse incompetente. Muitas vezes, as pessoas que eu seguia nem estavam sendo negativas – os problemas vinham da minha mentalidade de escassez. Infelizmente, isso acontece com frequência com muitos usuários das redes (inclusive jovens, o que é ainda mais assustador). Quando a nossa autoestima está baixa, entrar no Instagram – onde as pessoas só postam suas melhores fotos, tratadas com um monte de filtros – pode ser como mergulhar num caldeirão borbulhante de toxicidade.

As redes sociais são poderosas, para o bem ou para o mal. Se usadas corretamente, podem nos ajudar muito; mas podem ser prejudiciais ao extremo caso sejam usadas de forma incorreta. Veja como mudei minha relação com o mundo virtual e o transformei em um aliado, apoiando meu bem-estar:

Passei um bom tempo afastada das redes sociais. Para adicionar uma dificuldade extra à tentação de dar uma olhadinha, deletei os aplicativos do meu telefone. Assim, para ver as novidades ou postar alguma coisa, eu precisava reinstalar o aplicativo, encontrar minha senha e fazer login. E era o que eu fazia de vez em quando. Mas apenas se fosse para algo tão importante que justificasse todo o esforço necessário. Em seguida, eu excluía os aplicativos de novo. Sei que isso parece maluquice. Mas foi assim que perdi o vício em curtidas, compartilhamentos e seguidores. Foi uma estratégia bem-sucedida, que me permitiu recobrar o fôlego e recuperar minha serenidade.

Enquanto ficava fora das redes sociais, eu estava trabalhando em mim, e nesse processo o ritual do Café com Autoestima foi fundamental. Ele ajudou a aumentar minha confiança, desenvolveu meu amor-próprio e fez com que eu me sentisse plena e merecedora. À medida que eu me transformava em uma nova pessoa, mais amorosa e confiante, descobri que estava mais fortalecida e apta a me envolver em atividades que antes eram "perigosas" – como navegar no Instagram.

Assim que me senti à vontade para voltar às mídias sociais, realizei um expurgo implacável. Como disse há pouco, deixei de seguir qualquer pessoa em qualquer plataforma que me trouxesse um pingo de negatividade. Bloqueei todos que faziam piadas inapropriadas ou diziam coisas ruins sobre alguém. Acha que eu fiquei sozinha num deserto virtual? De jeito nenhum. Muito pelo contrário. Comecei a seguir quem me fazia rir ou tinha coisas positivas a compartilhar. Hoje sigo pessoas que falam sobre autodesenvolvimento, que postam lindas fotos de animais e da natureza, que são engraçadas. Há toneladas dessas pessoas por aí.

Como regra, também limito meu tempo nas redes – mesmo com meus novos amigos positivos. Não há como negar que a maior parte do tempo gasto por lá é improdutivo. Em alguns casos, chegamos a ficar entorpecidos. Isso não é levar uma vida boa.

Quero criar mais do que consumir!

Assim, entro nas redes sociais por apenas cinco minutos por dia, e muitas vezes apenas em dias alternados. Em certas ocasiões, passo uma semana ou mais sem aparecer.

No tempo que ganhei por abandonar o vício nas redes sociais, passei a me dedicar a mim e a minha vida. Eu saio para caminhar, leio, escrevo, brinco com a minha filha, medito, sonho acordada, danço, tomo um banho relaxante – tudo isso sabendo que não estou perdendo um minuto sequer, porque estou usando o tempo que foi recuperado da pilha de lixo da internet.

Mais importante ainda, toda vez que entro no Instagram ou

no Twitter, pergunto a mim mesma: isso faz com que eu me sinta bem? Se a resposta for não, saio imediatamente. Lembre-se: as redes sociais podem prestar um grande serviço, mas são perversas quando exercem algum domínio sobre nós.

Por manter o máximo de negatividade possível fora da minha vida, meu espírito brilha com mais força. Não quero sentimentos ruins disparando conexões no meu cérebro. Filtrar notícias e estímulos das mídias sociais de forma consciente é uma das maneiras mais inteligentes e fáceis de fazer isso.

Essas mudanças contribuíram muito para o meu bem-estar. Quanto mais oportunidades tenho de nutrir emoções positivas e edificantes, melhor me sinto e mais depressa atraio o destino que estou projetando. Estou me aproximando dele dia após dia, e adorando cada passo da jornada!

Como lidar com pessoas e situações negativas

Levar a vida com o Café com Autoestima muda você, mas isso não significa que muda todos ao seu redor. É verdade que você lidará melhor com aqueles que não estão na mesma onda que você, mas, sejamos honestas, ainda existem pessoas e situações que exigem uma paciência quase heroica, digna de uma Madre Teresa.

Bom, eu tenho um protocolo e um treinamento para ajudar você a gerenciar esses casos com mais facilidade.

Sempre haverá momentos em que você estará na companhia de gente que não compartilha do seu entusiasmo por palavras e sentimentos positivos. Até certo ponto, você tem algum controle sobre isso. Algumas pessoas sabem que cercar-se de outras que também praticam as conversas internas saudáveis melhora nossa energia e enriquece nossa experiência de vida. Ter essas pessoas por perto faz com que nos sintamos bem. Nosso convívio nos fortalece mutuamente.

Aos poucos, você vai perceber que as pessoas negativas – mesmo as que você ama – simplesmente não são mais a sua praia. Você se sentirá fora de sintonia com elas.

Isso significa que talvez seja hora de repensar sobre o tipo de pessoa com quem você passa o seu tempo. Lembre-se: escolhas melhores conduzem a uma vida melhor. Um dos hábitos mais importantes que você pode adotar nesse processo é prestar atenção em quem está ao seu lado. É preciso proteger sua mente de fontes externas de programação negativa, da mesma forma que você monitora o que está dizendo a si mesma.

Apesar de todo o esforço, ainda haverá ocasiões em que nos encontraremos no meio de gente cheia de negatividade. Pense na sua família, por exemplo. Embora possamos reduzir o tempo que passamos com parentes negativos, nem sempre é possível evitá-los por completo e, sejamos sinceros, nós os amamos e nem sempre queremos ficar afastados. Por sorte, há um truque para esses casos!

Quando estou perto de pessoas que estão reclamando ou resmungando por algum motivo, respondo "Não seria incrível se..." e mudo completamente o tom da conversa. Por exemplo, se alguém reclama do trânsito enquanto estamos no mesmo carro, eu respondo: "Não seria incrível se tivéssemos um automóvel que pudesse voar sobre todos os outros?" Ao combinar palavras positivas, como *incrível,* com uma história boba sobre carros voadores eu torno a situação mais leve para mim e para a outra pessoa.

Em algumas situações, palavras divertidas e bobagens não são apropriadas. Assim, se alguém está desabafando ou reclamando do chefe, por exemplo, primeiro eu escuto ativamente, como fazem os bons ouvintes. Não diminuo nem descarto seus sentimentos ou experiências. Mas depois eu mudo o astral da conversa e dou ao meu interlocutor a oportunidade de pensar em algo melhor, como: "Não seria legal se você tivesse sua própria empresa para fazer ____________________?" Ou: "Não seria incrível se seu chefe lhe agradecesse pelo ótimo trabalho que você faz?"

Ou seja, você quer ser sensível à situação alheia e reagir de acordo, mas isso não significa ficar sentada ali, absorvendo a negatividade dos outros.

Eu também faço isso com meus pensamentos. Nem tudo na vida é cor-de-rosa, mas pretendo torná-la *o mais cor-de-rosa possível* com o poder das minhas palavras e dos meus pensamentos. Por exemplo, quando estávamos passando um período em Lecce, na Itália, alugamos um apartamento por um mês e ficamos explorando a cidade, para ver se queríamos morar lá por algum tempo. Um dos apartamentos abaixo do nosso estava em reforma e exalava um cheiro fortíssimo de tíner. Quando saíamos de casa, descíamos os três lances de escada prendendo a respiração para não inalar vapores tóxicos.

Tenho um interesse particular por temas relacionados à saúde, e sabia muito bem que o diluente intoxicava meu cérebro e meus pulmões. Mas descer a escada com esse pensamento me irritaria ainda mais, me deixaria numa *vibe* ruim e traria consequências prejudiciais à minha saúde por causa do estresse (e do diluente de tinta - dose dupla!). E isso me afastaria ainda mais dos meus objetivos de vida.

Assim, quando estou numa situação em que as coisas poderiam ser melhores, reajo com um pensamento mais animador: "Não seria incrível se a escada do prédio cheirasse a flores frescas?"

Ou então reformulo a experiência. Meu marido, por exemplo, descia a escada com toda a calma, prendendo a respiração ao longo dos três lances inteiros, imaginando que era James Bond e precisava reter o fôlego para evitar respirar um gás mortal. A vida é um jogo, certo? Melhor jogar como James Bond do que como um franguinho assustado.

Isso torna tudo muito mais leve!

Uma programação mental para se sentir melhor no mesmo instante

Sem dúvida, às vezes nos encontramos em situações que estão longe de ser ideais. Mesmo assim, podemos melhorar – ao menos um pouco – todas elas. Uso o poder dos pensamentos positivos para encontrar imediatamente algo de bom em qualquer situação. É muito fácil quando você pega o jeito, e eu programei minha mente para fazer disso o seu padrão. Você também vai acabar fazendo o mesmo.

Por exemplo, se estou olhando para um prédio em que há pichações nas paredes, procuro algo de belo nele. Talvez o estilo arquitetônico ou a fachada. Talvez a forma como o sol reflete nas janelas. Talvez até o próprio grafite... Lembro-me das pinturas rupestres de Lascaux e do antigo impulso humano de criar e de deixar sua marca no mundo. Escolha aquilo que funciona para você. Qualquer coisa positiva serve. Seu cérebro acreditará nos seus pensamentos e você se sentirá melhor em um instante.

Ou se está frio e minhas mãos estão congelando enquanto caminho para fazer compras, em vez de me lamentar eu lembro imediatamente que sentir frio de vez em quando faz com que meus genes da longevidade se expressem. Isso é ótimo porque eu vou viver muito tempo! Oba! Muito obrigada, frio!

O lado bom das coisas

Tudo é uma questão de escolha. Escolher sentir-se bem apesar de condições *menos do que ideais* é saber atravessar as circunstâncias com desenvoltura. Seu poder de escolha é a verdadeira fonte de resiliência. Claro, é normal ter um tropeço ou desanimar por causa de alguma situação ou de algum acontecimento especialmente difícil. O que importa, porém, é o que você faz *depois*. Quanto tempo leva até você reencontrar a paz e a alegria? Quanto tempo leva até você modificar seu estado mental, reassumir o controle e voltar aos trilhos?

Para fazer isso com mais rapidez, basta encontrar um modo de examinar a situação de um ângulo mais favorável. Sempre existe um lado bom, e as afirmações positivas reprogramam nossa mente para procurá-lo. Nosso estado de espírito padrão se torna a felicidade e o sentimento de expansividade, não importa o que esteja acontecendo. É a liberdade suprema.

O jogo da gratidão

Sentir-se grata é um método infalível de aumentar sua felicidade e se conectar com as pessoas. Expressar gratidão gera sentimentos de plenitude e amor, além de ser um jeito fácil de tornar seus pensamentos positivos e retomar o caminho certo rumo à vida dos seus sonhos.

Em qualquer situação, sempre consigo encontrar algo que me deixa feliz. Por exemplo, se estou na rua e começa a chover, sinto gratidão pelo guarda-chuva ou pela capa (desde que eu tenha me lembrado de trazê-los – haha). Ou simplesmente digo: "Gosto da chuva porque ela nutre as plantas e faz a grama crescer." Estabelecer um elo simples e rápido de gratidão interrompe a cadeia de pensamentos negativos e cria uma cadeia de pensamentos felizes. O segredo é manter a simplicidade, porque ela vai repercutir e dar resultado bem mais depressa.

Outro exemplo: se você está ansiosa em relação às suas finanças, modifique seu estado de espírito pensando em como se sente grata pela saúde de seu filho/sua filha/sua esposa/seu companheiro. A saúde é um recurso-padrão para a gratidão ao qual recorro com regularidade, pois sei que, se estou saudável, tudo o mais pode ser resolvido. Se você adoecer, coloque o foco no fato de estar melhorando, ou pense em algo como "Vou aproveitar o tempo que precisarei ficar de repouso para assistir aos meus programas favoritos". (Dica de especialista: as comédias e o riso aceleram o processo de cura.)

Uma maneira de se tornar realmente bom nesse jogo é dedicar um dia inteiro da semana a contabilizar quantas coisas existem para você apreciar. Pode ser algo tão pequeno quanto perceber a maciez de sua escova de dentes, ou o brilho do sol, ou o conforto de sua cama, ou o delicioso aroma do café. Ou pode ser algo tão grande quanto sua casa, sua família, seu trabalho ou sua incrível perseverança em assumir o controle de sua vida e vivê-la de acordo com seu projeto. O resultado desse exercício não é apenas lhe proporcionar um dos dias mais felizes de todos os tempos, mas também fazer disparos e conexões de gratidão em seu cérebro. É assim que você cria um novo modo de pensar.

Eu torno a gratidão uma parte essencial da minha rotina diária adicionando algumas frases ao meu roteiro matinal de Café com Autoestima, em que identifico coisas específicas pelas quais sou grata.

Uma consciência renovada cria uma vida melhor

Com o tempo, descobri que minha rotina de Café com Autoestima me tornou hiperconsciente do que penso, digo e ouço das outras pessoas ao longo do dia. Percebi que vigiar ferozmente meus pensamentos atrairia mais depressa meu futuro de milionária sexy e feliz.

Por exemplo, num nível bem básico, eu nem uso frases como: "Mal posso esperar para..."

Ora, por quê? Porque escolho cuidadosamente cada frase que uso, e decidi que não gostava dessa. A combinação de palavras nela deixa na minha boca um gostinho de *limitação* e *ansiedade* e por isso prefiro dizer algo um pouco mais saboroso, como "Estou entusiasmada para..."

Isso é um pouco exagerado? Não. Tenho uma missão a cumprir e estou me preparando para o sucesso a cada palavra, a cada pensamento. Se a frase não faz meu coração vibrar, eu mudo.

Claro, no começo meus amigos e familiares acharam que eu andava muito esquisita. Mas aí aconteceu uma coisa engraçada: sou tão cuidadosa na escolha das palavras que as pessoas à minha volta passaram a questionar as próprias escolhas e a mudar as palavras que usam. As sementes foram plantadas.

À medida que reforço minha conversa interior ao longo do tempo, acho mais fácil expandir as afirmações positivas para todas as áreas da minha vida. Depois de descobrir que todo pensamento é uma afirmação de algum tipo, naturalmente comecei a pensar de forma diferente – o tempo todo. Penso na importância de cada palavra que escolho.

Como resultado, hoje sou capaz de perceber muitos momentos em que eu poderia ter seguido um caminho de negatividade e deixado que um sentimento ruim se formasse e me jogasse para baixo. Esses momentos foram desencadeados pelo mau humor de um estranho, por uma crítica nas redes sociais ou pelo noticiário. Mesmo que não fosse direcionada a mim, a negatividade sempre gera um desconforto dentro da gente, e eu poderia facilmente ter me deixado levar. Bem, isso não acontece mais comigo. Energia negativa de qualquer fonte definitivamente não atrai uma vida milionária, sexy e feliz. Então hoje escolho conscientemente outro caminho. Se algo desagradável surge à minha frente, eu me esquivo e evito como se fosse uma praga. E na mesmo hora recorro às minhas afirmações, porque sou treinada para buscar a ajuda delas por reflexo.

Você pode fazer o mesmo. Imagine não ser contaminada pela negatividade dos outros; visualize uma vida em que seu coração permaneça tranquilo apesar dos acontecimentos; pense em como seria viver feliz, confiante e realizada.

Pratique seu ritual matinal diário de Café com Autoestima, implemente as estratégias extras que lhe ensinei e veja como sua vida vai se tornar incrível.

Agora chega de teoria e vamos logo a esses roteiros transformadores que venho prometendo desde o começo do livro.

Parte II

ROTEIROS PARA O CAFÉ COM AUTOESTIMA

Nesta segunda parte do livro, apresento 13 roteiros prontos de Café com Autoestima para ajudar você a dar o pontapé inicial na sua jornada rumo a uma vida melhor. Se eles reverberarem em você do jeito que são, sinta-se livre para começar a usá-los imediatamente. Caso contrário, você pode editá-los ou aproveitá-los como modelos para escrever seus próprios roteiros, com palavras que lhe despertem mais alegria ou que sejam mais relevantes para a sua realidade.

Ao perceber todas as possibilidades deste método, você provavelmente vai ter vontade de escrever roteiros sobre vários assuntos. Esta é a beleza do processo: quando você melhora sua atitude em relação a qualquer aspecto da vida, esse bem-estar se infiltra automaticamente em outras áreas. O diálogo interno potencializado com afirmações positivas fortalece sua autoestima, o que afeta você por inteiro.

Assim, você naturalmente tem total flexibilidade para criar os roteiros que quiser. Eu uso uma mistura de todos! Talvez você queira selecionar as declarações que mais lhe agradam nos roteiros a seguir, combiná-las de outra forma e, quem sabe, adicionar mais algumas escritas por você mesma. Você também pode se concentrar no roteiro sobre um tema específico, praticá-lo durante algum tempo e depois passar para outro.

Ou então pode usar roteiros diferentes em dias diferentes. Eu gosto de fazer isso. Essa estratégia mantém o frescor e evita que as frases sejam repetidas no piloto automático.

Seus roteiros evoluirão com o tempo, portanto não se preocupe em chegar à perfeição no começo. O mais importante é estabelecer o amor e o respeito por si mesma, porque é aí que começa toda a magia.

Capítulo 12

ROTEIRO PARA LEVAR UMA VIDA MÁGICA

O que é uma vida mágica? É uma vida que parece se expandir, cheia de felicidade e de sincronicidades que pipocam em cada esquina. É acordar se sentindo animada, curiosa e atenta. É viver num estado quase constante de assombro e maravilhamento, percebendo as sutilezas e a beleza presentes em todos os lugares para onde olha. É ficar impressionada com a natureza e com seu próprio sentimento de plenitude.

Uma vida mágica é um estado de espírito, e o roteiro a seguir ajudará você a entrar nesse *mindset*. Quando você realmente começar a sentir amor, alegria e entusiasmo ao repetir essas afirmações, atrairá ainda mais brilho para sua vida e seu futuro. Todos podem acessar essa fonte de magia dentro de si e tornar a existência muito mais divertida.

Nota: Este roteiro é especialmente poderoso quando feito durante o nascer do sol. Se você tem o hábito de acordar cedo, aproveite a energia que existe enquanto o mundo ao redor ganha vida. A luz que penetra pela janela, iluminando lentamente o cômodo, adiciona uma atmosfera ainda mais mágica ao momento.

Outra nota: Como sugeri anteriormente, experimente ler em voz alta o seu roteiro e gravar suas afirmações.

Roteiro para uma vida mágica

Eu sou um ser radiante, que espalha luz desde o momento em que acorda. Meus olhos brilham de alegria e amor.

Eu sou magnífica. Eu sou mágica. Eu posso ir além.

A felicidade está ao meu redor e dentro de mim, e me sinto inebriada por minha vida maravilhosa.

Estou alinhada com meus objetivos e meus desejos.

Sinto que o sol brilha em mim por onde quer que eu vá, e reflete um fulgor mais forte do que qualquer coisa que eu já vi.

Eu sou sexy, radiante, vibrante e atraente.

Eu vivo a vida sem esforço, com elegância, porque tenho tempo em abundância.

Eu me sinto vibrante e perspicaz.

Eu acredito em mim. Abro meu coração e me conecto a tudo de maravilhoso que vem em minha direção.

Estou realizando os sonhos que projeto, porque eu mereço.

Minha vida é incrível, e sincronicidades emocionantes acontecem o tempo todo.

Sou generosa e paciente comigo mesma e com os outros.

Eu sou filha do Universo. Estou aberta aos sinais e às respostas que ele me oferece espontaneamente.

Novas e abundantes oportunidades estão se apresentando para mim neste momento.

Eu sou poderosa e capaz de fazer o que quiser. Eu corro atrás do que quero.

Adoro fazer coisas novas.

Tenho oportunidades abundantes ao meu redor. Sou criativa e me divirto com tudo que acontece em minha vida.

Adoro aprender coisas novas.

Sempre que aprecio algo e me sinto bem com isso, estou dizendo "sim" ao Universo.

Estou aberta à energia positiva que existe à minha volta.

Minhas necessidades serão sempre atendidas.

Eu me sinto como se estivesse num tapete mágico, voando por um céu repleto de estrelas.

Sou curiosa e adoro sorrir.

Olho ao redor e percebo um mundo cheio de otimismo. Eu espalho alegria.

Há muita beleza perto de mim, hoje e todos os dias.

Eu me amo. Eu sou especial. Com todo o meu coração, sinto amor a cada momento.

O Universo cuida de mim em todas as situações, conhecidas ou desconhecidas.

Sou livre como um pássaro, e estou pronta para voar porque meu coração bondoso é imenso e cheio de amor.

Adoro ser generosa com os outros porque isso torna o mundo um lugar melhor.

O que eu procuro também me procura.

Estou pronta para aceitar milagres!

Minha imaginação voa alto e eu sou cheia de criatividade.

Eu emito altas frequências de energia, e isso atrai o que desejo para a minha vida perfeita.

Eu sou digna de todos os desejos do meu coração.

Eu sou a condutora da vida incrível que estou projetando.

Minha energia é tão maravilhosa que está curando outras pessoas também.

Sinto-me amada de uma forma profunda diariamente. Eu mereço excelência, amor e vitalidade.

Eu me sinto maravilhada com os milagres da natureza.

Eu sou digna de todo o amor do mundo.

Minha vida é magnífica porque eu faço com que ela seja assim.

Quando amo, tenho asas. Sinto-me livre, leve, calma, paciente, tranquila e relaxada.

Estou aberta para receber muitas bênçãos.

Estou aqui, agora, pronta para acolher a magia em minha vida.

Capítulo 13

ROTEIRO PARA MUDAR UM HÁBITO

Nós somos aquilo que fazemos repetidas vezes.

— ARISTÓTELES

Você pode empregar o Café com Autoestima de muitas maneiras diferentes. Como venho explicando, você pode aumentar sua autoestima, reprogramar sua mente, criar uma nova versão de si mesma e atrair uma vida melhor. Ou pode utilizar este método para alcançar objetivos específicos, como entrar em forma, encontrar um parceiro ou aumentar sua renda. As afirmações também podem ser usadas num sentido mais amplo, para criar uma sensação geral de bem-estar e entusiasmo. Este método funciona para qualquer coisa que você queira mudar.

Isso inclui a eliminação de maus hábitos e a criação de bons. Talvez você queira parar de roer as unhas (para se livrar de um mau hábito) ou começar a meditar todos os dias (para adquirir um bom hábito). Talvez queira se livrar de um hábito enquanto adquire outro, simultaneamente. Você pode usar seu ritual diário para ler um roteiro geral de bem-estar projetado para ajudá-la a viver melhor. Pode também incluir no final dele um roteiro mais específico e detalhado, voltado para a eliminação ou a criação de algum hábito. A escolha é sua. Sua abordagem deve ser flexível.

Você vai querer fazer ajustes e atualizações em seu roteiro de tempos em tempos, talvez uma vez por semana ou a cada 15 dias, à medida que tiver novas ideias ou novas situações aparecerem em sua vida. E, é claro, quando conseguir romper com os maus hábitos e implementar os bons, não será mais necessário manter esses roteiros, e então você poderá passar para algo novo. (Em geral, são necessárias de três a quatro semanas para aderir a um novo hábito.)

Para que as afirmações positivas funcionem para mudar um hábito, é fundamental ser específica na escolha das palavras. Você deve empregar palavras precisas, mas simples. Use aquelas que lhe são familiares e escolha sempre frases fortes e relativamente curtas.

Assim como a melhor maneira de atingir qualquer objetivo é visualizar detalhes específicos, o mesmo vale para os hábitos. Com mais detalhes, a visão que você cria se torna mais límpida e vívida em sua mente. Você se torna capaz de criar as imagens – para "ver" o resultado com antecedência – que seu cérebro usará como modelo para gerar o resultado desejado. Nosso cérebro adora imagens. Por isso criar imagens mentais vívidas daquilo que você quer é a melhor maneira de fazer com que seu cérebro siga nessa direção com consistência.

Faça uma lista de hábitos

Está na hora de fazer uma lista das coisas que você deseja mudar em sua vida. Pegue uma folha de papel e divida-a ao meio com uma linha. No lado esquerdo, escreva os hábitos dos quais deseja se livrar. No lado direito, liste quaisquer novos hábitos que você gostaria de adicionar à sua rotina. A princípio, talvez seja bom limitar cada coluna a três itens para você não se sentir sobrecarregada. Você pode acrescentar novos itens mais tarde, à medida que for realizando com sucesso as metas iniciais.

Escreva o seu "porquê"

Escrever o seu "porquê" é uma parte muito importante do processo. É a sua razão para querer fazer a mudança. Os diferentes sistemas de seu cérebro (como o pensamento de longo prazo versus o pensamento de curto prazo, ou o pensamento analítico versus o pensamento emocional) convivem como se sua cabeça fosse habitada por pessoas diversas, cada uma com desejos e modos particulares de fazer as coisas. Esses sistemas vivem em constantes negociações entre si enquanto você toma decisões ao longo do dia, como quando você "se permite" fazer uma pausa depois de concluir uma determinada quantidade de trabalho.

Mudar um hábito exige que a parte analítica, de planejamento, de longo prazo do cérebro convença a parte automática de que essa mudança é importante. Ao encontrar o seu "porquê", você está essencialmente *se* convencendo de implementá-la.

Quando você identifica e registra esse motivo, o desejo de mudança se torna mais concreto e você fica mais animada com o que está prestes a fazer. Isso também ajuda a dar ideias para o roteiro de afirmações que você escreverá especificamente para esse objetivo.

Pegue cada um dos itens da sua lista de hábitos e pergunte a si mesma *por que* deseja fazer a mudança. Por que é importante para você se exercitar mais, ou economizar dinheiro, ou parar de fumar, ou consumir menos álcool, ou deixar de roer as unhas, ou passar menos tempo nas redes sociais, ou deixar de reclamar tanto? As razões podem estar relacionadas à sua saúde, à sua energia ou à sua sensação geral de bem-estar. Você pode pensar em como essa mudança de hábito afetará sua família, suas economias ou sua liberdade.

Quais são as verdadeiras razões por trás do desejo de adotar um novo comportamento? Relacione pelo menos três razões irresistíveis para cada mau hábito que você quer interromper e três para cada bom hábito que quer introduzir.

Como empregar o Café com Autoestima para a mudança de hábitos

Agora que você tem a lista do que quer mudar e já escreveu por que deseja fazer essas alterações em sua rotina, está na hora de criar um roteiro de afirmações para cada item.

Para dar uma ideia de um roteiro que seria útil para abandonar um mau hábito, incluí a seguir um exemplo do que escrevi para minha filha (que na época estava com 9 anos), para que ela largasse o hábito de roer as unhas.

Há algumas coisas a serem lembradas nesse tipo específico de afirmações, e você deve ter certeza de que elas estarão cobertas em seu roteiro.

Primeiro, o texto deve ilustrar e descrever o comportamento de alguém que não rói as unhas. O que essa pessoa faz que o roedor de unhas não faz? E vice-versa.

Em segundo lugar, descreva os benefícios da mudança de hábito. Liste tantos quantos conseguir. Inclua uma descrição do estado emocional em que você se encontrará como resultado do abandono do mau hábito.

Em terceiro lugar, aborde aquilo que costuma desencadear o mau hábito, se existir um gatilho. Apresente um comportamento alternativo, saudável, para substituir o antigo sempre que você for exposto ao gatilho.

O roteiro deve também empregar palavras inspiradoras para aumentar sua confiança. Isso serve como um lembrete da nova pessoa que você quer se tornar, a nova pessoa que você está se tornando neste exato momento.

Não rói unhas? Não tem problema. Use o roteiro a seguir como exemplo ou como modelo. Mantenha a estrutura geral e adapte os pontos específicos ao hábito que você deseja eliminar.

Exemplo de roteiro para largar um mau hábito: roer as unhas

Eu me liberto hoje da necessidade de roer as unhas.

Fico feliz por fazer escolhas saudáveis para minhas mãos.

Já não sinto necessidade nem desejo de roer as unhas.

Adoro ter unhas bonitas, limpas e fortes.

Minhas mãos são lindas, com unhas longas e bem-cuidadas.

Adoro pintar minhas lindas unhas com todas as cores do arco-íris e me divirto quando faço isso.

Eu sou forte e confiante.

Faço escolhas saudáveis.

Eu acredito em mim.

Com todo o meu coração, sinto amor a cada momento.

Eu me amo e amo minhas unhas.

Eu sou incrível e posso fazer o que quiser.

Minhas unhas estão lindas e eu adoro mantê-las saudáveis.

Sempre que sinto vontade de roer as unhas, esfrego um óleo maravilhoso nas minhas cutículas.

Não preciso roer as unhas e me liberto agora desse comportamento.

Tenho bons hábitos de higiene e nunca ponho as unhas na boca.

Estou adorando deixar minhas unhas crescerem. Elas estão tão bonitas!

Eu me mantenho fiel ao que me proponho e persevero. Eu mereço ter belas mãos e unhas bem-feitas.

Se uma das minhas unhas quebrar ou lascar, eu cuido dela com carinho usando um cortador de unhas ou uma lixa.

Estou entusiasmada para ver minhas unhas crescerem!

Se eu me pegar cutucando as unhas enquanto assisto à TV, passarei um óleo maravilhoso nas cutículas, o que manterá minhas unhas bonitas e saudáveis. Vou deixar um vidrinho com o óleo perto do sofá para garantir que eu faça isso.

Como você pode ver, o roteiro é bastante básico, um pouco repetitivo até. Inclui frases inspiradoras e amorosas para gerar sentimentos edificantes e detalhes do comportamento de uma pessoa que não rói as unhas, bem como os benefícios de não roê-las. Sem que eu pedisse, minha filha fez uma versão bonita e colorida desse roteiro e passou a usá-la como papel de parede de seu iPad, para que ela a visse várias vezes ao longo do dia.

Depois de escrever seu roteiro, você estará pronta para começar a lê-lo em voz alta durante seu ritual de Café com Autoestima. Repetir suas afirmações várias vezes enquanto bebe sua xícara de café diária colocará suas ideias em movimento bem depressa. Normalmente, dentro de uma ou duas semanas, a vontade de roer as unhas começa a diminuir e, por fim, o hábito é deixado de lado.

Para acelerar o processo, recomendo que você leia o roteiro não apenas no café da manhã. O efeito será maior se você criar uma rotina de leitura três vezes ao dia, deixando que o roteiro seja o foco da sua mente por dez minutos em cada ocasião. Pense nisso como "café da manhã, almoço e jantar para a alma" - ou, neste caso, para as unhas.

Como já vimos, ancorar a prática de fazer as afirmações no momento das refeições ajudará você a não se esquecer de fazê-las.

Com o tempo, algo incrível acontece. Você acorda um dia e não tem mais vontade de praticar aquele mau hábito. Mas não é magia. Você criou um novo comportamento programando-o em sua mente.

Existem muitas outras maneiras de reforçar esse processo de mudança de hábito. Por exemplo, eu poderia dar uma bola para minha filha apertar enquanto assiste à TV, para que ela tenha algo a fazer com as mãos em vez de cutucar as unhas. Ou eu poderia oferecer uma recompensa, como levá-la ao salão quando suas unhas atingirem determinado comprimento. Eu também poderia fazer com que ela usasse luvas.

Embora úteis, essas técnicas não mudam quem somos. Elas não nos transformam em uma nova pessoa. Já o método do Café com Autoestima, por meio das afirmações positivas, pode mudar nossa personalidade. E, quando isso acontece, uma série de outras coisas acontecem também.

Para começar, fica mais fácil adotar ou abandonar qualquer hábito. À medida que se transforma, você se torna aberta a bons hábitos, porque seu cérebro pleno de amor-próprio está preparado para fazer novas mudanças positivas. Esse é um dos segredos de falar consigo mesma dessa maneira.

Ao ser específica sobre "não roer as unhas" e usar afirmações mais abrangentes, como "Sou uma pessoa boa e digna", você está criando um nível de mudança que vai muito além de parar de roer as unhas: está mudando toda a sua paisagem mental. Está se tornando uma pessoa que acredita em si mesma. Isso lhe dá confiança não apenas para abandonar comportamentos específicos como também para conquistar uma perspectiva mais ampla e enxergar outras oportunidades de melhorar sua vida.

Para criar um bom hábito

Acabamos de ver como largar um mau hábito com a ajuda do Café com Autoestima. Agora, veremos um exemplo de roteiro para ajudá-la a adotar um hábito positivo. Neste exemplo, vamos supor que você queira começar a meditar diariamente. Se não é o seu caso, não se preocupe. A técnica pode ser aplicada a qualquer mudança.

Existem muitas variáveis que afetarão seu sucesso na criação de novos comportamentos, mas há algumas coisas específicas que você pode fazer para facilitar o processo. Por exemplo, criar um ambiente condizente com o hábito que você deseja introduzir ou colocar lembretes no celular são pequenos truques que aumentam suas chances de manter o foco até que o hábito se enraíze.

Nesse sentido, o Café com Autoestima é um grande aliado. As afirmações positivas vão começar a programar seu cérebro para o comportamento que você quer criar. A conversa interior orientada estabelece as bases para a mudança.

Gosto de dizer que usar o Café com Autoestima para criar bons hábitos é uma maneira de fazer com que eles "peguem". É mais provável que você tenha sucesso quando programa sua mente para isso. Portanto, é muito útil incluir declarações sobre meditação antes de introduzir o hábito; assim, quando de fato você começar a praticar, seu corpo e sua mente vão perceber que a meditação já é algo familiar.

Da mesma forma que um jogador de basquete visualiza os lances livres perfeitos quando está fora da quadra, você deve usar as afirmações para visualizar o que deseja fazer, tornando tudo mais natural quando for posto em prática. Então, depois de implementar o novo hábito (seja a meditação ou qualquer outra coisa), continue usando o roteiro durante algumas semanas - isso fortalecerá a fiação em seu cérebro e cristalizará o comportamento.

Exemplo de roteiro para criar um bom hábito: meditar

Eu sou uma pessoa que gosta de meditar. Estou empolgada com tudo que a meditação pode fazer por mim.

Eu encontro tempo para meditar todos os dias porque é importante. Eu mereço reservar um momento do meu dia para meditar.

Eu amo meditar.

Minha mente e meu corpo se sentem tão bem durante a meditação que eu não gosto de passar um dia sequer sem praticar.

Eu medito por dez minutos todos os dias, e isso é maravilhoso.

Eu sou forte e confiante. Eu gosto de ser saudável.

Estou aberta à energia ao meu redor.

Eu me amo. Eu amo a pessoa que eu sou.

Todos os dias espero ansiosamente a hora de me sentar para meditar. A meditação faz parte da minha vida e me traz paz.

Meditar é útil porque aumenta minha resiliência e reduz o estresse.

Eu acredito em mim mesma.

Eu sou magnífica e me sinto muito feliz.

Eu nunca fico frustrada ao meditar. Quando percebo minha mente vagando, simplesmente recupero meu foco. Cada vez que isso acontece, minha mente se torna mais forte.

Eu conduzo a minha vida. Gosto de fazer coisas novas.

Sou grata por cuidar tão bem de mim mesma.

Meditar aumenta minha criatividade e eu adoro o que isso faz com meu corpo.

Eu sou incrível porque posso fazer o que quiser.

Gosto de tirar um tempo para meditar.

Meditar é uma ótima maneira de me sentir bem, de aumentar minha longevidade e minha resiliência.

Eu aprecio quem sou e aprecio o fato de reservar tempo para meditar.

Eu insisto e persevero.

A hora da meditação é um dos momentos favoritos do meu dia.

Tenho ótimos hábitos de gerenciamento de tempo.

Eu mereço conquistar meus sonhos.

Eu posso abrir espaço no meu dia para a meditação.

Meditar é muito bom para a minha mente e o meu corpo.

Criar um ambiente especial para meditar torna a prática mais fácil e agradável.

Adoro ser uma pessoa generosa.

Meditar me ajuda a realizar meus sonhos porque me dá paz e tranquilidade.

Como de costume, sinta-se à vontade para editar o roteiro e incluir palavras e frases que despertem alegria em você. Leia este roteiro algumas vezes enquanto toma seu café diário. Para facilitar a adesão ao bom hábito, repita o processo em três momentos distintos ao longo do dia. Ler as afirmações antes de ir para cama é extremamente útil (mas, nesse caso, abra mão do café!).

Não se preocupe se o novo hábito demorar até um mês para se firmar. Lembre-se das dicas que dei anteriormente para que as mudanças aconteçam mais depressa. Reflita sobre o ambiente onde você pratica seu Café com Autoestima, adicione uma música inspiradora (escolha uma música tranquila que acalme seu coração) e procure imagens que a motivem a meditar.

E o mais importante: certifique-se de experimentar sentimentos e emoções elevados ao tomar seu café e repetir as afirmações.

Capítulo 14

ROTEIRO PARA ENTRAR EM FORMA

Sentir-se saudável é um desejo comum à maioria das pessoas. Por isso esse é um tema popular entre os praticantes do Café com Autoestima. Mas, no caminho para o sucesso, há alguns desafios que precisam ser vencidos. A autossabotagem e a baixa autoestima são dois grandes obstáculos – que, felizmente, podem ser superados com uma mudança na sua programação mental.

Quando sua autoestima e seu amor-próprio aumentam – como resultado da prática do Café com Autoestima –, seu corpo pode começar a mudar sem que tenha havido uma mudança deliberada nos hábitos alimentares ou no condicionamento físico. O cérebro tem um jeito muito louco de transformar as coisas em realidade!

Com a ajuda do roteiro que veremos a seguir, além de melhorar sua saúde física, você também vai poder mudar a sua personalidade, pois vai se tornar alguém que se *comporta* como as pessoas saudáveis. Ele cria *o desejo* de se movimentar mais e de obter os benefícios de se manter em forma.

Você já notou como as pessoas que se exercitam bastante

parecem ter mais energia? Elas parecem focadas e determinadas. E de fato *são*. E isso não é resultado apenas do exercício físico, mas também da *mentalidade*. A atitude delas em relação ao desejo de estar em forma faz toda a diferença. Mude seu cérebro e o corpo seguirá o exemplo. Ele não tem escolha.

Por fim, muita gente diz que não tem tempo ou energia para se exercitar com regularidade. Pois bem: o Café com Autoestima também pode ajudar nisso. As afirmações permitem que você reprograme seu cérebro para encarar o condicionamento físico de maneira diferente. O roteiro que apresento a seguir sintoniza seu cérebro com a mentalidade de quem *arranja tempo* para se exercitar. Como se fosse apenas uma parte natural do seu cotidiano. Não é trabalho, é prazer, e é seu desejo. É o que você quer!

O Café com Autoestima deve para ser feito pela manhã, no entanto também recomendo que seja feito antes da prática dos exercícios. Melhor ainda, ancore-o a alguma música cheia de energia, daquelas que dão vontade de se mexer, correr ou dançar.

Conforme descrito no capítulo anterior, existem diversas formas de apoiar a criação de bons hábitos, e a técnica das afirmações positivas é uma delas. Mudar a conversa interna garante que você não apenas crie o novo hábito mas também se torne uma pessoa que realmente *gosta* de praticá-lo. Isso é crucial para o sucesso, porque a mudança de mentalidade é necessária para você manter seus ganhos a longo prazo.

Como essa transformação não acontece de uma hora para outra, você pode começar simplesmente lendo este roteiro, sem fazer mais nada num primeiro momento. Se desejar adicionar um pouco de potência, leia as afirmações várias vezes ao longo do dia e antes de ir para cama.

Depois de uma semana, examine seus sentimentos e avalie se está percebendo as mudanças acontecendo em sua cabeça e em seu coração. Você está começando a sentir vontade de se exercitar mais? Está pensando em maneiras diferentes de incluir a atividade física em sua vida? Está entusiasmada com a ideia de ficar mais saudável? Após uma ou duas semanas lendo seu roteiro de afirmações, é provável que você se descubra empolgada para adicionar bons hábitos à sua vida porque está se transformando no tipo de pessoa que faz essas coisas!

Roteiro para entrar em forma

Eu me amo, amo minha vida. Amo meu corpo e amo movimentá-lo.

Estou me sentindo ótima.

Meu corpo gosta de estar forte e cheio de energia porque essa é uma sensação muito boa.

Ao escolher alimentos frescos e nutritivos, eu ganho energia abundante.

Sou a roteirista da vida incrível que estou escrevendo para mim mesma.

Sou grata por poder cuidar de mim e amar meu corpo.

Eu acredito em mim.

Quando me sinto empoderada, vejo que meus desejos se tornam realidade. Isso conecta meus sentimentos atuais aos que sei que estão no meu futuro, e meu corpo acredita que já aconteceu.

Eu amo a sensação que tenho quando faço uma boa caminhada ao ar livre.

Gosto de mover meu corpo porque isso estimula meu sistema circulatório e linfático e me dá energia.

Amo ter um corpo forte e com um bom condicionamento para eu fazer o que quiser.

O exercício me dá energia e confiança.

Eu insisto e persevero. Estou assumindo o controle da minha saúde!

Sou uma pessoa fantástica.

Posso me exercitar em qualquer lugar, seja em casa, ao ar livre ou na academia. Tenho opções ilimitadas.

Mereço receber tudo que projeto.

Eu sou forte e confiante. Ninguém me segura porque sei que tudo é possível.

Eu amo meu corpo e é fácil cuidar dele.

Eu sou forte e posso fazer o que desejar.

Caminhar me faz muito bem e é uma atividade que me dá prazer.

Eu gosto de me desafiar e de aumentar minha frequência cardíaca com exercícios.

Eu gosto de experimentar coisas novas porque isso me inspira. Explorar é emocionante!

O exercício pode ser tão fácil quanto alguns polichinelos. Assim que começo, quero fazer mais, porque é ótimo e me enche de energia.

Alimentos saudáveis abastecem minhas células, que constroem tecidos e órgãos saudáveis. Isso me transforma, célula a célula, numa nova pessoa bem mais saudável!

Ser forte e saudável me dá vantagem na vida.

Domino meu poder. Meu corpo se sente tonificado. Meu corpo se sente forte.

Adoro a sensação de quando me exercito: as respirações profundas enchendo meus pulmões, os músculos trabalhando e fortalecendo meu corpo.

Sou grata por poder me exercitar todos os dias. O movimento faz com que eu me sinta alegre e viva!

Eu amo as sensações do meu corpo depois de um treino. Eu não experimento essas sensações como fadiga ou dor, mas como um sinal de que meu corpo está respondendo aos estímulos.

Adoro escolher alimentos saudáveis porque eles melhoram a minha saúde.

Quanto mais me torno consciente da energia, da integridade e da saúde, mais eu atraio isso para mim.

Meu corpo é flexível como um lindo leopardo.

Estou criando a vida que eu desejo.

Eu sou linda do jeito que sou.

Eu começo o meu dia com alguns minutos de exercício para ativar minha circulação.

O exercício é divertido, e me sinto empolgada para fazê-lo todos os dias.

Eu tomo decisões inteligentes sobre minha saúde.

Eu sou uma pessoa boa e gentil. Com todo o meu coração, sinto amor a cada momento.

Meu corpo adora se sentir forte e flexível.

Quando me exercito, sinto-me orgulhosa e feliz por reservar algum tempo para cuidar de mim mesma.

Eu tenho uma quantidade abundante de energia.

Eu mereço reservar um momento do meu dia para me exercitar. Isso me faz bem e é muito divertido.

Eu me amo. Sempre.

Capítulo 15

ROTEIRO PARA A SAÚDE E A LONGEVIDADE

Tenho muito interesse nos temas ligados à saúde e à longevidade. Estou sempre buscando maximizar meus níveis de energia e de vitalidade, pois isso me permite viver a vida com prazer. E quero viver pelo maior tempo possível, programando minha mente para acreditar que vou viver mais de 180 anos!

Esse número parece absurdo? Aqui estão duas razões pelas quais pode não ser uma completa maluquice.

Primeiro, a ideia de viver mais de 180 anos não é louca se considerarmos o estágio atual da medicina e da tecnologia. Fizemos grandes avanços nas últimas cinco décadas. Se você fizer uma projeção na mesma proporção para o futuro, não é de todo irracional pensar que a ciência poderia aumentar a expectativa de vida para 120 anos quando eu estiver próxima dos 70. E para 140, quando eu estiver com 90. E assim por diante. O fato de "o fim do envelhecimento" ter se tornado uma área séria de pesquisa atualmente – e atraído muitos recursos financeiros – é um bom argumento para acreditar nessa possibilidade.

Independentemente dos números reais, em algum momento a tecnologia vai avançar mais depressa do que o ritmo de envelhecimento das pessoas. O desafio é permanecer vivo e saudável até esse ponto (atingindo a chamada "velocidade de escape da longevidade"). E seu cérebro tem MUITO a ver com a manutenção de sua saúde, sua juventude e sua vitalidade.

Em segundo lugar, o próprio pensamento "Vou viver mais de 180 anos" coloca minha mente e meu corpo em uma vibração diferente. O cérebro gosta de receber instruções. Ele leva a sério tudo o que dizemos – seja bom ou ruim – e começa a trabalhar para que isso aconteça. Então por que não pensar grande? É como dizem: mire nas estrelas e, no mínimo, você pousará na Lua.

Quando imagino viver tanto tempo, percebo que não há espaço para enfermidades em minha vida. A afirmação "Vou viver no mínimo até os 180 anos" me dá confiança e um senso de propósito. Isso reduz meu estresse – e reduzir o estresse realmente nos ajuda a viver mais!

O roteiro a seguir está repleto de preciosidades para instruir seu corpo a ser mais saudável e ter mais bem-estar geral, com ênfase na longevidade. Sinta-se à vontade para adaptar as afirmações e usar as frases que despertam alegria e repercutem mais dentro de você.

Roteiro para a saúde e a longevidade

Eu me sinto incrível e tenho uma vida cheia de vitalidade e alegria.

Tenho tanta energia que sinto vontade de dançar desde o momento em que acordo.

Eu amo minha vida! Eu me amo! Eu amo viver!

Estou entusiasmada com tudo que vai acontecer hoje, amanhã e daqui a 100 anos.

Estou levando uma vida longa e saudável porque cuido de mim.

Meu corpo está cheio de vitalidade e eu me sinto jovem.

Estou calma e relaxada, e isso cria paz em meu corpo, permitindo que ele se cure e me proteja.

Tudo está ótimo no dia de hoje, e eu me sinto abençoada por estar viva.

Tenho energia e saúde ilimitadas. Tudo de que preciso está ao meu redor, e eu me sinto tão bem!

Prezo minha saúde e cuido de mim escolhendo alimentos nutritivos, me exercitando regularmente e mantendo um estado mental amoroso. A energia que crio em meu corpo me mantém jovem e cheia de vitalidade.

Adoro dormir bem! Tenho sonhos que processam os aprendizados do meu dia e um sono profundo que contribui para a cura e a recuperação.

Tenho tanta energia que me sinto brilhar. Estou cheia de vida!

Eu percebo ao meu redor as oportunidades de viver bem. Minha incrível energia me mantém conectada à minha longevidade.

Eu acredito em mim. Eu acredito no meu corpo. Eu acredito em meus genes para me manter vibrante e saudável.

Meu sistema imunológico é forte e poderoso porque sinto felicidade e gratidão todos os dias.

Eu respiro com facilidade. Meu corpo está completamente saudável e vou viver pelo menos até os 180 anos.

Eu sou magnífica. Eu me sinto jovem.

Sinto um bem-estar maravilhoso porque estou aberta a recebê-lo.

Eu cuido do meu corpo, e ele cuida de mim.

Minha saúde é uma prioridade; gosto de assumir a responsabilidade por ela.

Adoro aprender como viver uma vida saudável. Adoro experimentar coisas novas.

Eu tenho clareza e penso com clareza todos os dias.

Meus hormônios percorrem meu corpo com energia e vivacidade.

Eu como alimentos maravilhosos que nutrem meu corpo, minha mente e minha alma.

Minhas pernas estão ótimas!

Sou grata por cuidar tão bem de mim mesma, garantindo para mim uma vida longa e feliz.

Eu tenho um corpo incrível e amo tudo nele.

Eu tenho um cérebro incrível e uma memória poderosa. Lembro-me de tudo. As palavras vêm a mim com facilidade. Consigo me lembrar de tudo sem esforço.

Vou viver muito bem todos os dias da minha vida.

Meu corpo adora se curar. Eu sinto amor com todo o meu coração.

Meu corpo adora se sentir forte.

Eu mereço a longevidade.

Há harmonia entre meu cérebro, meu corpo e minha alma.

Os centros de energia do meu corpo estão alinhados e me iluminam.

Eu me sinto linda e energizada, hoje e todos os dias.

Exercitar-me é muito divertido. Essa é apenas uma das formas que uso para cuidar de mim e aumentar minha energia.

Eu sou INCRÍVEL!

Capítulo 16

ROTEIRO PARA A CURA

Está cientificamente comprovado que o corpo pode se curar apenas pelo pensamento.

– DR. JOE DISPENZA

Preciso fazer outra introdução para este roteiro além da citação acima? (Se você é cético, ou não conhece a pesquisa, leia *Como se tornar sobrenatural* e *Você é o placebo*, do Dr. Joe Dispenza.)

Com o conhecimento de que o poder de cura está dentro de você neste exato minuto, vamos partir direto para as afirmações, que vão instruir seu corpo e permitir que ele entre em ação.

Roteiro para a cura

Meu corpo tem o poder de se curar porque foi projetado para isso.

Amo meu corpo, hoje e sempre.

O remédio perfeito se encontra em meus pensamentos.

Está tudo bem.

Eu sou incrível. Sou adorável. Com todo o meu coração, sinto o amor a cada momento.

A felicidade é o remédio supremo. Felicidade é plenitude. Minha felicidade me cura e me mantém saudável todos os dias. A satisfação é felicidade.

Estou cheia de amor pelo meu corpo. Sinto-me elevada.

Meus sentimentos e crenças impactam todas as minhas células.

Eu ativo meus genes de cura com meu bom humor. Eu adoro rir.

Meu corpo sabe como se curar porque eu o direciono com meus pensamentos afirmativos.

A plenitude está dentro de mim e me envolve.

Sintonizo a frequência e a energia da abundância, da integridade e da gratidão.

Tenho paciência e generosidade ilimitadas porque tenho tempo em abundância.

Minha energia inesgotável ilumina minha vida.

Todas as minhas células são saudáveis.

Sou corajosa e tenho fé na capacidade do meu corpo de se curar.

Respiro fundo com calma. O oxigênio enche meus pulmões e me relaxa.

Eu mereço a cura. Eu mereço receber a saúde. Eu sinto. Eu sei. Eu estou ciente disso o dia inteiro. A energia positiva ativa meu programa genético de cura.

Sinto uma onda de paz tomar conta de mim agora.

Meu corpo é um sistema de autocura. Meu corpo se repara quando estou relaxada e feliz.

Sintonizo as oportunidades de cura e sinto que elas estão ao meu redor. Meus sentimentos de plenitude e de amor me mantêm conectada a elas.

Sempre que aprecio algo e me sinto bem com isso, estou dizendo "sim" ao Universo.

Sou digna de conquistar a vida dos meus sonhos.

Ninguém me segura porque sei que tudo é possível.

Estou inteira, da cabeça aos pés.

Quanto mais tenho consciência dessa energia de cura plena, mais atraio a cura e a saúde para mim.

Estou aberta à minha incrível cura.

Eu sou filha do Universo e o Universo me enche de energia curativa e luz amorosa.

Quando estou em um estado de dignidade, gratidão e integridade, sinto que meus desejos já foram realizados. Isso conecta meus sentimentos atuais aos que sei que estão por vir, e meu corpo acredita que já aconteceu. Essa conexão me ajuda a manifestar mais depressa uma saúde plena.

Estou aberta à energia ao meu redor.

Eu me curo depressa.

Eu amo cada parte de mim, do meu cabelo a meu cérebro, meus olhos e meu rosto; dos meus braços a meu peito, meu estômago e meus órgãos; das minhas pernas a meus pés. Tudo em mim. Eu me amo todos os dias.

O amor é maravilhoso porque cura.

Meu corpo persevera!

Eu amo ser uma pessoa de espírito elevado e gentil.

Eu acredito em mim. Acredito no meu corpo fantástico.

Meu corpo adora se curar porque foi projetado para isso.

Minha energia é elevada, plena e cheia de amor. Estou curada.

Estou relaxada e grata por meu corpo ser capaz de se curar.

Estou renovada e vibrante.

Estou inteira.

Sou grata por me cuidar.

Minha força é ilimitada porque estou cheia de uma energia cálida e fulgurante. Ela vem de dentro e se expande para fora de mim. Minha energia é tão edificante e elevada que é capaz de curar a mim mesma e os outros.

Minha saúde é uma maravilha.

Eu ensino à minha mente que a boa saúde está sempre presente na minha vida.

Sinto-me feliz e grata aqui e agora.

Eu sou o Amor.

Capítulo 17

ROTEIRO PARA A RIQUEZA, O SUCESSO E A PROSPERIDADE

Lembra que no início do livro eu comentei que escrevo em meu roteiro o desejo de me tornar milionária, sexy e feliz? Pois então. A palavra "milionária" tem um significado especial para mim. Em parte tem relação com o dinheiro, claro, mas não se trata só disso... tem um significado *bem maior*. Significa ter os meios para viver a vida dos seus sonhos, quaisquer que sejam eles.

Talvez eu queira mesmo ter 1 milhão de dólares, mas não necessariamente. Poderia ser muito mais... 5 milhões, 10 milhões... ou talvez apenas 50 mil. (Mas não seria tão incrível, não é verdade?) O valor específico depende de você, do seu objetivo, da sua projeção financeira (para patrimônio líquido, renda anual, renda mensal, o que for). Eu estabeleci um número com o objetivo de definir minhas metas, mas o que importa para mim é que a palavra "milionária" funciona como uma senha. Ela expressa de forma abreviada todo um conjunto de ideias e emoções associadas: abundância, generosidade, sucesso, estilo de vida viagens, e assim por diante. E também expressa uma ideia em particular...

Liberdade.

"Milionária" é o meu rótulo para o estado mental e emocional que evoco quando quero me sentir poderosa e livre para fazer o que quiser na vida. Para ir aonde quiser, ser a mulher maravilhosa que eu quero ser, para tentar coisas ousadas, sonhar grande, ser feliz e levar uma vida *épica*. Foi essa mentalidade que me permitiu, entre outras coisas, viajar pelo mundo durante um ano inteiro e depois me estabelecer num pitoresco vilarejo medieval no topo de uma colina na Úmbria, na Itália – o tipo de lugar que você pensa que só existe no cinema.

Nada disso exigiu 1 milhão de dólares. Exigiu apenas que eu pensasse grande, imaginasse meu estilo de vida milionário e fizesse um planejamento condizente. Passo a passo, tudo foi se encaixando. Porque, na minha cabeça, não era apenas possível... *era fácil.*

No próximo roteiro de Café com Autoestima, compartilho com você as coisas que eu digo para atrair minha vida milionária. Essas palavras são poderosas. Se você levá-las a sério e ouvi-las regularmente, vão lhe dar uma vantagem.

Para adicionar uma força extra, assuma uma "postura de poder" ao repetir as afirmações. Pense na pose da Mulher Maravilha. (Eu não estou inventando isso. Já foi demonstrado que adotar posturas de poder aumenta a autoconfiança.) Seu corpo responderá às suas palavras. Ele não tem escolha! E se você falar com ousadia, energia e ênfase, essa reação será ainda mais intensa.

Aqui está um exemplo de como adotar uma postura de poder: mãos nos quadris, olhar para a frente, queixo erguido e um sorriso leve e sábio de quem tem todas as respostas dentro de si. Você não precisa usar uma capa para se sentir poderosa como uma super-heroína (mas se quiser pegar um lençol e prendê-lo no pescoço, fique à vontade!). O importante é sentir sua força interior transbordar e se manifestar em sua postura. Você vai perceber a diferença. Esse negócio funciona *de verdade*!

Roteiro para a riqueza, o sucesso e a prosperidade

Eu tenho propósito na minha vida. Tenho potencial ilimitado. Vou atrás daquilo que quero e mereço!

Estou vivendo uma vida lendária porque posso. É meu direito de nascença.

Eu me encorajo todos os dias!

Para mim, é fácil recorrer à criatividade e vejo oportunidades e soluções ao meu redor.

Eu mereço tudo o que quero.

Eu abençoo meu computador com amor. Ele é meu instrumento de trabalho e me traz sucesso e prosperidade.

Eu atraio as oportunidades como um ímã. Meus olhos estão bem abertos para elas.

Lembro-me das coisas com facilidade, sem precisar fazer esforço. Tenho uma memória fenomenal.

Adoro conhecer pessoas novas e trocar ideias. Adoro ouvir os outros e aprender.

Eu me amo. Eu amo minha vida. Eu amo a vida.

Estou criando a vida de sucesso que eu projeto.

Eu acredito em mim.

Tenho uma ótima relação com o dinheiro.

Eu tenho a chave para a realização de qualquer coisa que desejo, porque sou forte e capaz.

Eu sou uma fera!

Eu obtenho tudo que desejo porque EU MEREÇO.

Tudo que eu toco é um sucesso. O sucesso é constante em minha vida.

Sou carismática e adoro dividir o que eu tenho com os outros.

Meu espírito é elevado e me coloca no topo do mundo.

Eu sou minha própria heroína.

Eu sou esperta. Eu sou confiante. Eu sou ilimitada.

Meus talentos são apreciados por todos ao meu redor.

Eu tenho poder porque insisto e persevero. Eu acredito em mim e nas minhas habilidades.

A prosperidade está à minha volta, à minha disposição.

Estou em sintonia com as oportunidades. Eu as sinto e as vejo perto de mim. Minha energia criativa me mantém conectada a elas.

Minha renda não para de crescer! Sou incrivelmente próspera.

O dinheiro me ama e é atraído para mim.

Ninguém me segura porque sei que tudo é possível.

Estou pronta para mergulhar no meu dia com disposição. Eu me divirto muito! Eu amo minha vida!

Sou organizada porque isso me mantém concentrada.

Mereço receber o que desejo. Eu sinto. Tenho consciência disso o dia inteiro.

Meu coração agradecido está sempre próximo das riquezas do Universo. Sou grata pela minha bela vida e pelo meu sucesso.

Tenho tempo em abundância para fazer tudo o que quero.

Mantenho minha vida em ordem.

Eu sou filha do Universo e sei que estamos todos conectados.

Sintonizo a frequência e a energia da abundância e da gratidão. Está tudo ao meu redor.

Sou digna de novas oportunidades aqui e agora.

Minhas necessidades são sempre atendidas.

Quanto mais estou consciente dessa energia de abundância, mais oportunidades eu atraio para mim.

Tenho liberdade e criatividade para buscar minhas paixões.

Minha vida é um luxo.

Sinto-me generosa com meu sucesso e anseio por compartilhá-lo com os outros. Somos todos um.

Eu sou mais eu. Eu sou um sucesso.

Indico para minha mente que a riqueza, a saúde e a abundância me pertencem, e elas estão sempre fluindo em minha vida, por isso posso contar sempre com elas, independentemente de sua forma.

Eu aprendo tudo o que quero com facilidade porque meu cérebro é superpoderoso e saudável.

Estou no lugar certo, na hora certa, fazendo a coisa certa.

Eu controlo meu poder em todos os momentos.

Meu coração se expande com força e coragem. Meu cérebro transborda de ideias incríveis. Minha alma se enche de entusiasmo.

O dinheiro vem para mim com facilidade. O sentimento de abundância produz abundância.

O que eu aprecio me aprecia!

Oportunidades novas e maravilhosas estão chegando para mim neste momento.

Estou aberta à energia de sucesso ao meu redor, e o sucesso me acompanha. Estou aberta para receber todas as coisas boas da vida.

Sou grata por cuidar tão bem de mim mesma e lutar pelo meu sucesso.

Capítulo 18

ROTEIRO PARA ENCONTRAR UM PARCEIRO INCRÍVEL

Você já encontrou um companheiro incrível? Então pode pular este capítulo.

Se não encontrou, continue a ler! (Ou se conhece alguém que está à procura de um amor, vá e frente, porque você pode encontrar algo útil para transmitir a essa pessoa.)

Lembre-se da mentalidade milionária que evoquei para criar meu "estilo de vida milionário". Eu usei um processo semelhante quando procurava um namorado/futuro marido, há cerca de 15 anos. Embora eu não tomasse café enquanto fazia isso, criei uma rotina de tomar um banho de banheira a cada duas noites e de me concentrar no companheiro que queria atrair para mim.

Pode chamar de *Banho com Autoestima*, se quiser! Naquela época, eu não sabia o que estava fazendo, mas escrevi um roteiro detalhado que descrevia o homem com quem eu gostaria de dividir minha vida.

Fiz uma lista de tudo que eu queria num companheiro. Tudo, desde preferir que ele usasse óculos (era minha maneira de criar uma imagem de alguém inteligente) até seu estilo de criação de filhos (eu queria muito ser mãe) e o nível de interesse por esportes (ele deveria gostar, mas não ser obcecado), e assim por diante.

Minha lista foi escrita no papel porque os celulares ainda não eram tão cheios de recursos como são hoje em dia. Ainda posso ver a folha colorida, escrita com canetas de glitter, cheia de adesivos, flores e corações desenhados por toda parte. Eu tinha 20 e poucos anos. Pode parecer meio infantil, mas o visual lúdico contribuía para que eu atingisse um estado emocional elevado toda vez que examinava a lista.

Quando penso nisso agora, vejo que aquilo era, na verdade, mais uma lista de desejos. Não tinha afirmações motivadoras sobre mim, porque eu não estava ciente desse processo na época. Mas a ideia de ter um objetivo, de detalhá-lo, de fazer um ritual para revisitá-lo frequentemente e evocar emoções positivas ao examiná-lo tinha uma estranha semelhança com o meu processo atual, mais refinado. No entanto, se eu tivesse incluído o tipo de afirmações que hoje fazem parte dos meus roteiros, quem sabe eu teria conhecido Greg depois de um ano, não de dois!

Enquanto eu lia minha lista na banheira a cada duas noites, eu relaxava num ambiente que era muito favorável à visualização: banho de espuma, meia-luz, velas aromáticas, música suave. Ao criar o ambiente certo, eu estava ajudando minha mente a entrar num estado relaxado, o que torna mais fácil a reprogramação do cérebro.

Ao examinar a lista, eu sentia entusiasmo e amor pelo meu futuro companheiro. Isso criava aquele estado emocional mágico que enfatizo ao longo deste livro – os sentimentos que devem se combinar com os desejos especificados pelo seu cérebro analítico, a fim de tornar essa visão real. Unindo meu estado relaxado, o roteiro detalhado sobre o namorado dos meus sonhos e os sentimentos elevados que eu experimentava ao imaginar como seria incrível ter esse companheiro, consegui encontrar o parceiro que preenchia todos os quesitos.

Aqui está um exercício para você: sente-se e escreva uma lista de todas as qualidades que procura na pessoa ideal. Reserve algum tempo para fazer isso. Pense muito. Estamos lidando com coisas sérias... alguém com quem você vai compartilhar sua vida.

Agora veja um roteiro pronto para ajudá-la a atrair essa pessoa especial. Pegue as qualidades listadas por você, adicione-as a este roteiro e junte quaisquer outros acréscimos, adaptações ou cortes que você queira fazer.

Roteiro para encontrar um parceiro incrível

Eu amo ser uma pessoa gentil porque isso é muito bom.

Com todo o meu coração, sinto o amor a cada momento.

Eu mereço estar em um relacionamento com alguém maravilhoso e generoso.

Eu mereço receber uma pessoa incrível para compartilhar a vida.

Quem procuro também me procura.

Eu sou adorável e mereço o amor.

Eu sei que tudo é possível.

Eu amo estar comigo mesma porque eu sou uma ótima pessoa.

Estou aberta a encontrar a pessoa mais incrível de todas porque tenho um coração cheio de amor para compartilhar.

Quanto mais tempo permaneço consciente da bela energia do amor, mais atraio oportunidades de romance para mim.

Meu companheiro é incrível e sexy, assim como eu.

Tenho a saúde perfeita.

Sou linda, divertida e feliz. Eu acordo todos os dias sentindo alegria e gratidão pela minha vida.

O romance me cerca. Eu sou um ímã para o amor.

Estou sintonizada com as oportunidades para o romance. Sinto que estão à minha volta. Minha energia amorosa me mantém conectada a elas.

Sinto-me generosa com meu amor e o compartilho com os outros.

Eu gosto de fazer coisas novas. Minha energia ilumina a minha vida.

Eu mereço um amor de cinema! Um amor ridiculamente, deliciosamente romântico! Um amor leve como algodão doce!

Meus dias são cheios de alegria.

O amor chega a mim facilmente porque estou cheia de paixão.

Meu amor perfeito está chegando agora porque estou pronta.

Tudo é incrível e feliz porque vejo e sinto o amor ao meu redor.

Estou atraindo uma pessoa que vai me tratar maravilhosamente bem, porque eu me trato maravilhosamente bem.

Estão vindo para mim agora novas e surpreendentes oportunidades para encontrar alguém incrível.

Estou empolgada com todas as coisas divertidas que vou experimentar ao lado da minha pessoa especial.

A pessoa perfeita para mim é engraçada, generosa, compassiva, atraente, inteligente e aventureira.

Estou animada com o romance que está à minha volta. Grandes coisas estão acontecendo agora.

Sou magnífica e sinto minha energia positiva se expandindo além de mim, atraindo meu incrível relacionamento.

Eu amo amar.

Minha vida é incrível porque eu me amo como sou agora. Amar-me completamente significa que estou pronta para amar outra pessoa.

Sinto o amor chegando para mim!

Estou animada com todas as viagens românticas, os encontros felizes e as aventuras emocionantes que dividirei com meu amor.

Eu estou relaxada. Eu sorrio. Eu me sinto maravilhosa.

Eu mereço o amor.

Capítulo 19

ROTEIRO PARA O ROMANCE

Aqui está um roteiro para aumentar o romance em sua vida amorosa. Quando a vida fica agitada ou quando chegam os filhos e a família cresce, os relacionamentos acabam recebendo menos atenção. É por isso que muitos casais tentam agendar programas a sós para passarem algum tempo juntos e se concentrarem um no outro.

Se você já começou a praticar o Café com Autoestima, é provável que seu parceiro tenha percebido algumas mudanças em seu comportamento, pois você deve estar mais positiva e mais feliz. Muitas pessoas afirmam que seus cônjuges começaram a agir de forma mais amorosa e afetuosa depois que elas passaram a usar as afirmações.

Agora é a sua vez de elevar seu relacionamento a um novo patamar. Com este roteiro, você vai sentir a energia do amor fluindo o dia inteiro. Haverá mais beijos, abraços, atenção, romantismo e paciência na relação com a pessoa que está ao seu lado. Use o roteiro a seguir (incluindo, excluindo e adaptando o que desejar) para injetar diariamente aquela sensação de lua de mel em seu relacionamento.

Roteiro para o romance

Eu amo ser gentil porque isso é muito bom.

Com todo o meu coração, sinto amor a cada momento. Amor por mim e pela pessoa que está ao meu lado.

Mereço estar em um relacionamento com alguém maravilhoso e generoso.

Eu dou amor ao meu companheiro o dia inteiro.

Quando meu amor fala comigo, dou a ele toda a minha atenção.

Eu sou adorável.

A pessoa que está comigo é adorável.

Eu sei que tudo é possível.

Nós confiamos um no outro e nossas almas se entrelaçam com amor.

Sempre reservamos um momento para ficar juntos, para relaxar e curtir a companhia um do outro.

Todos os dias eu sorrio quando vejo meu companheiro.

Entre nós nunca falta carinho, apoio ou confiança.

Adoramos estar juntos.

Quanto mais estou consciente da bela energia do amor, mais amor eu sinto pelo meu companheiro.

Tenho uma pessoa maravilhosa, generosa, sexy e amorosa ao meu lado. E eu também sou assim.

Eu adoro cuidar da minha saúde. Isso torna meu relacionamento mais saudável também!

Meu relacionamento é lindo e eu acordo todos os dias sentindo alegria e gratidão pelo meu relacionamento.

O romance me cerca. Sou um imã para o amor.

Nós sintonizamos as oportunidades para o romance. Nós sentimos que elas estão ao nosso redor.

Nossa energia amorosa nos mantém conectados, mesmo quando estamos separados.

Sinto-me generosa com meu amor e o compartilho com a pessoa com a qual divido minha vida.

Adoramos fazer coisas novas juntos. Adoramos nos divertir. Nosso amor ilumina nossa vida.

Eu mereço um amor incrível.

Meus dias são cheios de alegria.

O amor chega até nós facilmente porque nós nos respeitamos.

Somos parceiros, copilotos e companheiros de viagem.

Temos um relacionamento fantástico, cheio de confiança e amor.

Estamos relaxados. Nós sorrimos. Nós nos sentimos maravilhosos.

Nós nos sentimos seguros um com o outro. Nossos corações se conhecem por dentro e por fora.

Tudo é incrível em nossa relação porque vemos e sentimos o amor ao nosso redor.

Nós atraímos oportunidades incríveis para nossa vida.

Estamos prestes a viver novas e incríveis aventuras!

Nossa vida é cheia de alegria.

Nosso relacionamento é cheio de compaixão, atração e aventura.

Toda vez que vejo meu amor sinto gratidão por ter essa pessoa maravilhosa em minha vida. Eu sou abençoada.

Estou empolgada com o clima de romance que sinto ao meu redor. Grandes coisas estão acontecendo em nossa vida juntos.

Somos magníficos e sentimos nossa energia positiva se expandindo além de nós, atraindo experiências fantásticas e potencializando ainda mais o nosso amor.

Nós amamos o amor!

Nossa vida em comum é incrível porque nos amamos e amamos a nós mesmos.

Temos um relacionamento sexy e romântico.

Estou empolgada com todas as viagens românticas, os encontros felizes e as aventuras emocionantes que temos agora e que teremos em nosso futuro.

Nós somos felizes!

Capítulo 20

ROTEIRO PARA A FERTILIDADE

Não está pretendendo fazer uma cópia de seus genes? Então pode pular este capítulo!

O tema da fertilidade me é muito caro. As afirmações positivas não foram o único recurso da minha caixinha de ferramentas para me tornar mãe, mas foi importante porque me manteve calma e aberta. Aconteceu há dez anos. Eu já conhecia a técnica de mudar minha programação mental, só que ainda não praticava com regularidade, como faço agora. Por isso eu não tinha um programa concreto nem um roteiro como o que está abaixo.

Lembro-me vividamente de como usei minha antiga versão de afirmações no dia em que fomos à clínica em Nova York para um tratamento especial chamado "FIV natural". Enquanto trocava de roupa e vestia a camisola do hospital, eu repetia, como um mantra de amor, que eu estava calma e animada para que o embrião fosse transferido para dentro de mim.

Assim que o procedimento terminou, incrementei mais ainda minhas visões. Depois que o embrião foi transferido, os médicos me colocaram em uma cadeira reclinada e fiquei ali por cerca de meia hora. Passei esse tempo visualizando meu útero rosado e macio abrigando o embrião que acabara de chegar. Imaginei então que havia um guardião em meu útero prometendo que tudo ficaria bem.

Eu me emociono só de pensar nisso agora, porque sei que meus pensamentos me mantiveram calma e ajudaram meu corpo a fazer o que tinha que ser feito. É incrível como nossa mente pode afetar o corpo. Acredito que se eu tivesse usado um roteiro como esse enquanto tentava conceber, tudo teria acontecido mais rapidamente e com mais facilidade. No mínimo, teria sido um processo menos estressante. (Dica: pense em mudar para café descafeinado enquanto tenta engravidar.)

Roteiro para a fertilidade

Eu sou digna de receber e conceber. Eu sinto. Eu sei. Tenho consciência disso o dia inteiro.

Meu corpo foi projetado para conceber e dar à luz um lindo bebê.

Com todo o meu coração, sinto amor a cada momento e estou pronta para compartilhar isso com meu bebê.

Eu controlo o meu poder. Ninguém me segura e eu sei que tudo é possível.

Quando me encontro em um estado de merecimento, gratidão e integridade, sinto que meus desejos já se realizaram. Isso conecta meus sentimentos atuais ao meu eu futuro, e meu corpo acredita que isso já aconteceu. Essa conexão me ajuda a manifestar meus desejos mais depressa.

Eu tenho um corpo forte e saudável.

Estou plena e bela porque eu me amo.

Meus hormônios são perfeitos e saudáveis. Eles sabem como preparar meu corpo para receber um bebê saudável.

Um embrião "gruda" facilmente no interior do meu útero porque meu útero está preparado para isso.

Eu nutro meu corpo com bons alimentos, repouso adequado e afirmações amorosas porque tudo isso me ajuda a conceber.

Eu sou maravilhosa.

Tenho energia para ter um bebê e estou pronta para isso.

Estou animada para sentir a energia do meu bebê dentro de mim.

Sou grata por tudo na minha vida, e a gratidão faz com que eu me sinta bem. O bem-estar ajuda a minha fertilidade.

Eu estou relaxada.

Estou tranquila e tenho muito tempo para engravidar. Tudo está bem.

A fertilidade é natural para mim, porque eu amo meu corpo e amo minha vida.

A gravidez é uma alegria a ser experimentada, e eu estou pronta para ela. Eu estou feliz e animada!

Minha vida acolhe um bebê com amor.

Sou capaz de conceber facilmente porque meu corpo brilha com vida e energia.

Estou 100% pronta para ter um bebê porque eu me amo de modo incondicional.

Eu sinto meus hormônios preparando meu corpo para conceber.

Eu amo o jeito como penso e sinto. Eu amo o meu poder de projetar a vida que eu quero.

Meu corpo é maravilhoso em sua capacidade de criar um bebê.

Eu amo meu parceiro. Eu amo minha vida. Eu me amo.

Bônus: Roteiro de fertilidade para os homens

Você pode apresentar este roteiro para seu companheiro ou para qualquer homem que deseje se tornar pai:

Eu mereço ser pai. Eu sinto. Eu sei. Estou consciente disso o dia inteiro.

Meu corpo é projetado para engravidar minha parceira para que ela tenha um lindo bebê.

Com todo o meu coração, sinto amor a cada momento e estou pronto para compartilhá-lo com meu bebê.

Eu controlo o meu poder. Ninguém me segura porque eu sei que tudo é possível.

Quando estou em um estado de merecimento, gratidão e plenitude, eu me sinto como se meus desejos já tivessem se realizado. Isso conecta meus sentimentos atuais ao meu eu futuro, e meu corpo acredita que isso já aconteceu. Essa conexão me ajuda a manifestar meus desejos mais depressa.

Eu tenho um corpo forte e poderoso.

Sou íntegro e digno de ter um filho porque eu me amo.

Meus hormônios são saudáveis. Eles sabem como preparar meu sêmen para fertilizar um óvulo.

Meus espermatozoides são fortes, saudáveis e suficientes para engravidar minha parceira.

Nutro meu corpo com bons alimentos, repouso adequado e afirmações poderosas, porque isso me proporciona um corpo saudável, pronto para a paternidade.

Tenho energia para ter um bebê e estou pronto para isso.

Estou animado para sentir a energia do meu bebê irradiando do corpo da minha parceira.

Sou grato por tudo na minha vida, e a gratidão faz com que eu me sinta forte, poderoso e saudável.

Sentir-me bem ajuda a minha fertilidade.

Eu sou um pai incrível.

Eu estou relaxado.

Estou calmo e tenho muito tempo e muita energia para expandir minha família. Tudo está bem.

A fertilidade é fácil para o meu corpo, porque eu amo meu corpo e amo minha vida. Estou pronto. Eu estou feliz. Estou animado para ser pai!

A fertilidade é natural e sem esforço para mim. Minha vida acolhe um bebê com amor.

Sou capaz de fertilizar facilmente o óvulo de minha parceira porque meu corpo é forte, cheio de vida e energia.

Estou 100% pronto para ter um bebê porque eu me amo de modo incondicional.

Eu amo o jeito como penso e sinto. Eu amo o meu poder de projetar a vida que eu quero.

Meu corpo é incrível em sua capacidade de gerar um bebê. Eu amo minha parceira. Eu amo minha vida. Eu me amo.

Capítulo 21

ROTEIRO PARA SER UMA MÃE INCRÍVEL

Talvez você ache que uma boa mãe não precise de afirmações positivas porque simplesmente ama seus filhos. Mas qualquer mulher à beira de um ataque de nervos sabe que às vezes é necessária uma dose extra de esforço para dar atenção e estar disponível para as crianças. Se estamos cansadas, distraídas, ocupadas ou nos sentimos deixadas em segundo plano, nossos filhos percebem, e isso acaba afetando a vida deles também.

Uma das coisas mais importantes que você pode fazer para aumentar o amor que expressa aos seus filhos é *amar primeiro a si mesma*. Isso mesmo, *primeiro*. Você tem que se amar primeiro porque isso permite que você esteja presente para seus filhos do jeito que eles merecem, mas também porque os ensina a se amarem a partir do seu exemplo.

Quando você se ama, cuida melhor de si mesma. Quando o avião despressuriza, você coloca sua máscara de oxigênio primeiro para permanecer consciente e ajudar seus filhos. E assim você se torna o melhor modelo possível. Os mais jovens aprendem com os exemplos, e não é realista esperar que eles tenham uma autoestima saudável se não demonstramos isso em nossas atitudes com nós mesmas.

Este roteiro inclui afirmações que reprogramam seu cérebro para aumentar sua autoestima e ser a melhor mãe possível.

Nota: Insira o(s) nome(s) do(s) seu(s) filho(s) no roteiro para criar uma conexão mais pessoal e um efeito mais forte. As afirmações estão no masculino plural para facilitar a leitura. Faça as adaptações necessárias ao seu caso.

Roteiro para ser uma mãe incrível

Eu amo ser uma pessoa gentil.

Sou uma mãe paciente, gentil e inspiradora porque aproveito o tempo que passo com meus filhos para ouvi-los ativamente.

Eu amo dar aos meus filhos toda a minha atenção porque isso mostra a importância que eles têm para mim.

Amo minha vida e sou grata pela minha família.

Ser mãe é divertido e emocionante. É uma aventura que eu valorizo profundamente.

Ter filhos é uma experiência maravilhosa. Adoro ver as crianças crescerem e desabrocharem.

Meus filhos merecem amor. Eu mereço amor.

Tenho generosidade e paciência ilimitadas. Adoro passar muito tempo com meus filhos.

Com todo o meu coração, sinto amor a cada momento e ele se espalha para meus filhos.

Eu sintonizo as oportunidades de ser uma mãe incrível. Eu sinto essas oportunidades ao meu redor. Minha energia elevada me mantém atenta e conectada com meus filhos.

Eu me sinto generosa com minha paciência e a compartilho com meus filhos.

Eu adoro ficar juntinho de meus filhos.

Gosto de fazer coisas novas com meus filhos porque isso é divertido e todos aprendem coisas novas.

Eu tenho uma ótima vida, e meus filhos também amam a vida.

Eu escuto meus filhos para que eles saibam que têm voz.

Quando meus filhos entram na sala, paro o que estou fazendo e olho nos olhos deles.

Sou uma mãe incrível porque acredito em mim mesma.

Tenho paciência e permito que meus filhos façam as coisas no tempo deles.

Eu respondo com paciência, compaixão e bondade aos erros dos meus filhos, e isso ensina a eles sobre paciência, compaixão e bondade para com os outros.

Posso não ter todas as respostas, mas escuto ativamente meus filhos e lhes dou espaço para compartilhar seus sentimentos.

Eu gosto de ser um modelo inspirador para meus filhos porque isso é importante para a vida deles.

É emocionante me amar e saber que meus filhos se beneficiam do meu amor-próprio.

Tenho um coração cheio de aventura, paciência e bondade, pronto para ser compartilhado com minha família.

A maternidade é mágica e sou abençoada por ter meus filhos. Eu saboreio o tempo que passo com eles.

Carinho, tempo de qualidade, amor – esses itens nunca faltam no cardápio da nossa casa.

Acordo cheia de amor todos os dias e me sinto inspirada a compartilhá-lo com minha família.

Somos uma família incrível, cheia de magia, amor e admiração.

Sou grata pela minha família e pela abundância de tempo que tenho para passar com meus filhos.

O tempo com minha família é importante porque nos une e nos torna mais fortes.

Eu sou o amor. Eu sou a bondade. Eu sou a paciência.

Capítulo 22

CAFÉ COM AUTOESTIMA PARA CRIANÇAS (DICA: SEM CAFÉ!)

Você vai mover montanhas! Hoje é seu dia!
Sua montanha está à espera,
então ponha-se a caminho!

— DR. SEUSS

Quando se trata de conversa interior, as crianças são um capítulo à parte porque são muito impressionáveis. Pequeníssimas mudanças em sua programação, feitas agora, podem ter um impacto profundo pelo resto da vida. Como mães, nossa tarefa é servir de modelo e ensiná-los. Se você tem filhos, o Café com Autoestima a ajudará a ser uma mãe melhor. Você é o maior exemplo para eles, por isso pode dedicar um tempo para mostrar a importância de ser positiva e ter conversas saudáveis consigo mesma.

Claro, as crianças não vão tomar café... a menos que seja descafeinado, claro! Mas você pode oferecer a elas, digamos, leite ou suco num copo especial reservado para esse momento. Esses detalhes diferentes tornam o processo mais divertido.

O importante é ritualizar a experiência e repeti-la com regularidade. Para maximizar o efeito, transforme a leitura do roteiro numa parte da rotina diária da família.

Pare por um momento e imagine um mundo onde todas as crianças têm uma autoestima maravilhosa. Um mundo onde todas têm amigos positivos e solidários. Se ensinarmos aos nossos filhos sobre o poder do autocuidado, eles serão confiantes e terão mais força de vontade para resistir à pressão dos colegas. Eles se sentirão bem consigo mesmos e não vão ficar se comparando com os outros. Serão mais felizes, bem-sucedidos e generosos. Isso funciona de verdade.

As redes sociais podem ser perigosas para as crianças, mesmo se você ignorar os piores cenários – pedofilia, *cyberbullying* e depressão/suicídio. Pequenas ofensas podem se acumular ao longo do tempo e afetar a autoestima das crianças ou estimular o comportamento antissocial.

Nós, mães nem sempre podemos estar presentes, especialmente à medida que nossos filhos crescem. O que podemos fazer é algo equipá-los com as ferramentas para navegar em segurança pelo mundo moderno. E podemos melhorar drasticamente a vida deles com a prática das afirmações positivas. No entanto, o processo deve começar por nós. É preciso mostrar que fazemos aquilo que aconselhamos.

Defendo com veemência que ensinar às crianças o poder do autodiálogo é algo capaz de mudar nosso mundo. É uma perspectiva empolgante. Os benefícios do Café com Autoestima se expandem para além de nós. Então venha comigo: vamos melhorar nossa vida amando a nós mesmas e mostrando aos nossos filhos como se amar. Nós fazemos diferença!

Eu sei que isso é possível porque é o que vejo na minha vida. Com a minha rotina diária de afirmações, influencio positivamente todas as pessoas à minha volta (família, amigos, leitores do meu blog e seguidores nas redes sociais). Eu me tornei uma pessoa mais compassiva e gentil. Quando comecei a praticar o Café com Autoestima, minha filha notou de imediato a diferença na minha atitude e no meu comportamento. E como ela passava várias horas por dia comigo em casa, ficou muito feliz com o meu novo eu!

Sabemos muito bem que as crianças têm uma curiosidade natural e podemos aproveitar essa característica. Minha filha me viu recitando as afirmações e quis saber o que eu estava fazendo (especialmente porque eu tinha incluído umas imagens bonitas no roteiro que lia no celular). Ela está sempre espiando o que estou fazendo. Então vi ali uma grande oportunidade para ensiná-la sobre o assunto – sem precisar insistir em que ela aprendesse.

Meu marido, que conhecia bem o conceito de diálogo interno, sabia o que eu estava fazendo e não precisava de nenhuma informação adicional. No entanto, ficou intrigado com a ideia de juntar afirmações positivas com um ritual diário, como o café da manhã. Ele é formado em psicologia e acredita profundamente no poder do ritual e na importância de "instalar" hábitos deliberados e poderosos (assim como se instala um novo software em um computador).

Outra maneira de despertar o interesse dos membros de sua família é simplesmente fazer suas afirmações na frente deles. Durante o dia, eu repito alguns trechos do meu roteiro em voz alta enquanto estou cuidando das tarefas domésticas. Eu não me importo se alguém me ouvir. Certa vez, eu estava pendurando roupas no varal e declarando "Temos uma vida incrível, somos tão abençoados e afortunados. Estamos projetando uma vida superlegal e é empolgante o poder que temos de transformar os sonhos em realidade". Eu estava falando para mim mesma, mas sabia que minha filha podia me ouvir porque estava por perto.

Alguns minutos depois, ela (que adora escrever histórias) dá voz à própria manifestação expansiva e diz: "Vou ser tão famosa quanto J.K. Rowling algum dia! Não, eu vou ser *mais famosa do que ela*!" Uau, minha filha está pensando grande! Dei gritinhos por dentro, orgulhosa. Com essa simples afirmação, ela está reprogramando sua mentalidade e aprendendo a estabelecer objetivos ousados. Tudo isso por causa do meu exemplo!

Para que seus filhos comecem a praticar, o primeiro passo é mostrar a eles o que você está fazendo, por que está fazendo, e compartilhar seus roteiros para que possam compreender o processo. Se são crianças pequenas, digamos, entre 4 e 6 anos, você pode ler algumas das afirmações a seguir e pedir que repitam para você, linha por linha.

Tente estabelecer uma rotina em que você (ou eles) faça isso todos os dias no mesmo horário. Pode ser de manhã, quando começa o dia, ou de noite, na hora de dormir. Talvez eles gostem da ideia de vestir uma capa de super-herói durante o ritual.

À medida que ficam maiores, as crianças podem preferir ler seus roteiros sozinhas e usar a imaginação para criar as próprias declarações. Quando tinha 10 anos, minha filha começou a querer um pouco de privacidade. Tudo bem, faz parte. Não há nenhuma maneira errada de fazer isso. De qualquer forma, você pode ajudar as crianças a encontrar o melhor momento e um lugar especial para fazê-lo. O importante é que elas leiam tudo do início ao fim e mantenham a regularidade.

Lembre-se, as crianças mais velhas, com acesso à tecnologia, talvez gostem de adicionar música e imagens ao roteiro, como sugeri para adultos na Parte I. Eu sei que minha filha adora adesivos e qualquer coisa que inclua desenhos, então usar um diário tradicional com papel e canetas coloridas também pode ser uma boa estratégia.

Ainda assim, pode ser que algumas crianças rejeitem a ideia a princípio. Mas não desista e faça o que for preciso para que sigam o programa, mesmo que elas o achem bobo no começo. Explique que as palavras são poderosas, que vão criar raízes e ajudá-las no futuro.

Particularmente, acho que vale a pena até oferecer uma espécie de "suborno" para estimular o hábito! Por exemplo, você pode dar um prêmio a seus filhos se praticarem todos os dias, por 21 dias seguidos. Ou pode oferecer uma pequena recompensa semanal se eles se esforçarem.

O essencial aqui é mostrar a seus filhos a necessidade de ter um diálogo interno saudável e tratar a si mesmos com respeito, aceitação e generosidade. Quanto mais cedo eles aprenderem isso, melhor. Seja repetindo apenas uma frase algumas vezes por dia ou lendo um roteiro inteiro, o jogo se inicia e a bola da autoestima começa a rolar. Você está preparando seus filhos para uma vida feliz, realizada e bem-sucedida.

Mesmo que as crianças não desenvolvam esse hábito desde pequenas, elas provavelmente ficarão interessadas quando perceberem como as afirmações são poderosas e benéficas para você.

Nota: As crianças podem questionar declarações que são expressas como se já fossem realidade, mas ainda não são. Apenas explique que você não está mentindo, mas reprogramando o cérebro de vocês para atrair as coisas que desejam. Para crianças acima de 7 anos, explique esse ponto com antecedência, antes que elas ouçam as afirmações. Isso ajudará a evitar ceticismo e confusão sobre o processo e seus motivos.

Roteiro para crianças

Eu mereço amor.

Eu gosto de mim mesmo.

Sou um grande criador e gosto de explorar.

Amar a mim mesmo é divertido.

Eu me divirto brincando, explorando e sendo eu mesmo. Eu gosto de mim do jeito que sou.

Há um mundo cheio de oportunidades para mim. Estou animado com a vida.

Eu posso fazer qualquer coisa que quiser se me dedicar de verdade.

Eu gosto de fazer coisas boas para as pessoas.

Eu sou uma criança legal e me sinto bem por isso.

Eu sou uma boa pessoa.

Eu sempre penso nos sentimentos dos outros antes de dizer ou fazer qualquer coisa.

Sinto amor com todo o meu coração.

Adoro torcer por mim mesmo.

Eu gosto de ajudar os outros.

Gosto de cuidar do meu corpo porque isso me deixa forte e saudável.

Eu gosto de fazer coisas novas.

Eu mereço ser amado e respeitado.

Estou sempre pronto para aprender porque tenho um cérebro incrível, sou persistente e me esforço ao máximo todos os dias.

Eu me sinto brilhar!

A vida é uma grande e divertida aventura. Acordo animado todos os dias.

Eu sou uma pessoa alegre e me divirto muito.

Sou criativo e cheio de ideias. Adoro desafios e supero todos eles.

Tudo é possível para mim. Eu vou em frente, não importa o que aconteça.

Tenho muitas ideias porque estou aberto para elas.

Eu me amo. E sempre vou me amar.

CONCLUSÃO

AJUDANDO OS OUTROS

Compartilhe o Café com Autoestima

Talvez você não consiga mudar as pessoas, mas há algo que pode fazer para inspirá-las a conduzir a própria mudança: basta ser você mesma, deixando toda a sua luz brilhar. Quando estamos felizes e nos sentimos bem, as pessoas gostam de nos ter por perto. Atraímos os outros com nossa energia positiva. Sempre me lembrarei de um jantar em que uma mulher me disse: "Gosto muito da sua companhia. Você tem um astral tão bom!" Eu abri um sorriso enorme depois de ouvir isso!

Há um nome para esse fenômeno: contágio emocional. Significa que você pode acessar as emoções dos outros. Uma maneira de fazer as pessoas se sentirem melhor é simplesmente inspirá-las, deixando-as observar as mudanças que você está fazendo em sua vida. Quando se sente energizada, você irradia essa energia para os outros.

Não se surpreenda quando perguntarem: "Por que você está sempre de bom humor?" Se alguém lhe fizer essa pergunta, agarre a oportunidade, compartilhe sua história e explique como você usou o Café com Autoestima para transformar sua vida. Indique ou empreste este livro e ensine como é fácil se sentir tão incrível. Quem não gostaria de aprender isso?

Cada segundo que você tem neste planeta
é precioso, e é sua responsabilidade ser feliz.

— NAVAL RAVIKANT